DER

CAUSALITÄTSBEGRIFF

IN DER

PHILOSOPHIE UND IM STRAFRECHTE.

DER

CAUSALITÄTSBEGRIFF

IN DER

PHILOSOPHIE UND IM STRAFRECHTE.

EINE RECHTSPHILOSOPHISCHE UNTERSUCHUNG

VON

Dr. RICHARD HORN.

LEIPZIG,
VERLAG VON DUNCKER & HUMBLOT.
1893.

Vorwort.

Der große Erfolg, der sich an Zitelmanns*) Versuch, ein juristisches Problem psychologisch zu behandeln, geknüpft hat, rechtfertigt es vielleicht, wenn auch in dieser Schrift der Versuch gemacht wird, eine Materie des Rechtes philosophisch zu erörtern. Der äußere Causalzusammenhang, der Handlung und Erfolg miteinander verknüpft, und naturgemäß den Ausgangspunkt für das Strafrecht, wie das Schadenersatzrecht bildet, soll den Gegenstand dieser Untersuchung bilden.

Begreiflich, daß die Methode, die hierbei angewendet wird, nicht, wie bei Zitelmann, die der Psychologie, sondern die der Logik, oder richtiger ausgedrückt, die der Erkenntnistheorie sein muß.

Aller Causalzusammenhang, den das Recht in seinen Lehren über Schadenersatz und über objektiven Thatbestand der Verbrechen erörtert, ist stets ein Stück des natürlichen Zusammenhangs der Dinge, ein Stück Weltgeschichte, mit juristischem Fernglas betrachtet! —

Die Aufgabe des Rechtes erschöpft sich in der kleinen Arbeit, an einen gegebenen Zusammenhang in der Natur anzuknüpfen, denselben auch von seinem Standpunkte aus für relevant zu erklären, und an die vorhandenen natürlichen Wirkungen einer Ursache ideelle Rechtsfolgen anzuknüpfen, die im Gesetze ihren Ausdruck finden.

So denkt und spricht das Gesetz naturgemäß in der Form des hypothetischen Urteils. Und an dieser Stelle scheiden und trennen sich die Wege des praktischen Juristen und des erkenntnistheoretischen Forschers.

---

*) Zitelmann: Irrtum und Rechtsgeschäft, Leipzig 1879.

Denn der Richter löst seine Aufgabe, wenn es ihm gelungen ist, das gegebene Lebensverhältnis unter das hypothetische Urteil des Gesetzes zu subsumiren, und dann durch einfache Konklusion zum kondemnirenden oder absolvirenden Schlusse zu gelangen.

Der Erkenntnistheorie ist damit noch in keiner Weise genügt; ihre Aufgabe ist erst dann erfüllt, wenn sie die gesetzlichen Definitionen der Verbrechen oder die civilrechtlichen Bestimmungen, die zur Ausgleichung eines Schadens verpflichten, **logisch** geprüft und die Frage, ob denn der in diesen Anordnungen enthaltene Zusammenhang zwischen Handlung und Erfolg in der That logischer Causalzusammenhang im Sinne der Philosophie sei, beantwortet haben wird.

Die logischen Elemente des rechtlichen Denkens zu enthüllen und denselben eine von den Erscheinungen des Lebens unabhängige Wahrheit zu sichern, dies ist der Zweck einer juristischen Erkenntnistheorie; die Erscheinungen des Lebens mit dem Inhalt der Rechtssätze zu vergleichen und in Übereinstimmung zu bringen, ist Sache der praktischen Rechtspflege.

Und so gliedert sich diese Untersuchung in drei Abschnitte, von denen jeder einzeln für sich erörtert werden wird.

Die erste Frage, die wir uns vorzulegen haben, lautet: **Was heifst Causalzusammenhang im Sinne der Philosophie?**

Hier müssen wir — wenn auch nur von der Vogelperspektive — auf die Versuche herabblicken, in welchen dieses Lieblingsproblem der deutschen und englischen Philosophie erörtert wurde und bald werden wir das sonderbare Schauspiel gewahren wie wir vom sicheren Lande der Logik ausfahrend, auf den bewegten Ocean der Metaphysik hinausgetrieben werden, um nach stürmischer Fahrt am selben Ort zu landen, von welchem wir die vielversprechende Reise angetreten haben!

Und doch steht unsere Sache nicht so schlimm, wie wir im ersten Augenblicke glauben könnten! — Wir werden sehen, wie der transcendentale Realismus diese die Grenzen unseres Erkenntnisvermögens scheinbar überschreitende Aufgabe zu lösen und unsere moderne Logik sich seine Resultate anzueignen wufste.

Der gröfste Nachdruck wird hier auf die Unterscheidung von Ursache und Bedingung gelegt werden müssen, eine Distinktion, die die Rechtswissenschaft in philosophisch-naiver Weise sich nicht in genügender Klarheit zu eigen gemacht hat, und die uns im weiteren

Verlaufe unserer Untersuchung in logisch-formaler Weise eine Reihe von Erscheinungen im Gebiete des Rechtslebens erklären wird, deren juristische Analyse der Einreihung in das Rechtssystem bisher spröden Widerstand geleistet hat.

So führt uns dieser Abschnitt von selbst zu der zweiten Frage.

„Was heifst Causalzusammenhang im Sinne des Rechtes?" Adoptirt die Rechtswissenschaft den von der Philosophie übernommenen Begriff des Causalzusammenhanges oder weifs sie etwas anderes an seine Stelle zu setzen? — Und in welchem Verhältnisse steht der von der Rechtssystematik selbständig ausgebildete Begriff der subjektiven Causalität (Verantwortlichkeit) zur Lehre vom objektiven Zusammenhang?

Wandern sie beide einmütig Hand in Hand oder gehen sie getrennt ihre eigenen Wege?

Wer sich im Gebiete des Rechtes einmal orientirt hat, wird bald gewahr werden, dafs die beiden Begriffe zwar häufig mitsammen gehen, dafs sie sich aber auch eben so oft von einander trennen und gerade die Fälle, in welchen der subjektive oder objektive Zusammenhang allein verwirklicht erscheinen, sind es, die unser vollstes Interesse für sich in Anspruch nehmen.

So untersuchen wir denn in unserem dritten Kapitel eine Reihe von Erscheinungen, in denen der strikte objektive Causalzusammenhang gänzlich fehlt, bei welchen aber die subjektiven Voraussetzungen des Strafrechtes vorhanden sind und wollen sie dem Beispiel Bergers folgend, „als Bewirken durch Unterlassen" bezeichnen. Hier wird es sich nun zeigen, dafs der Causalitätsbegriff des Rechtes nicht derselbe ist, wie der der Philosophie; bald werden wir erkennen, dafs die Rechtsordnung von dem Vorhandensein der Causalität häufig gänzlich abstrahirt, und nicht aus causal-logischen Erwägungen, sondern aus sittlich-ethischen Gründen den Thäter für den Eintritt eines Erfolges zur Verantwortung zieht.

Nahe lag es, in einer Arbeit, die den Causalitätsbegriff im Strafrecht erörtert, an die Lehre vom Versuch und der Mitthäterschaft, ferner an den Begriff der Mitschuld anzuknüpfen.

Ist doch gerade die Versuchslehre des österreichischen Strafgesetzbuches vom Jahre 1852 so recht geeignet, uns ein Bild von der philosophischen Auffassung des Causalitätsbegriffes seitens unserer Juristen zu geben; lag es doch nahe, den Begriff der Mitthäterschaft an den logischen Begriff der Teilursache, den Begriff der Mitschuld an den der Bedingung anzuknüpfen.

Gleichwohl mufste aus äufseren Gründen auf eine Bearbeitung dieser Lehren verzichtet werden.

Es genügt, wenn der specielle Abschnitt unserer Arbeit den Prüfstein für die Richtigkeit unserer in dem allgemeinen Teile gewonnenen Anschauung abgeben wird, und es kann von diesem Gesichtspunkte aus gleichgiltig erscheinen, wenn eine Reihe von interessanten Rechtsphänomenen aus dem Bereiche unserer Prüfung ausscheidet.

Möchten die Juristen endlich einsehen, dafs der Inhalt ihrer Privatrechtslehre durch volkswirtschaftliche Bedürfnisse, der Inhalt ihrer strafrechtlichen Bestimmungen durch ethische Gründe ins Leben gerufen wird, und dafs das wahrhaft Bleibende im Wechsel höchstens die logische Form sein könnte, unter deren Zwang sie ihre Begriffe denken, verknüpfen und stets mit neuem Lebensinhalt erfüllen, wenn sie nicht aus Zweckmäfsigkeitsgründen sich sogar über die Logik hinweggesetzt hätten. Dies involvirt jedoch keinen Schaden im juristischen Denken, da dasselbe nicht von der Macht der Logik, sondern von der Beweiskraft unserer sittlichen und wirtschaftlichen Anschauungen erzeugt wird.

Mögen aber auch die Philosophen endlich die Überzeugung gewinnen, dafs sie nicht isolirt, ferne vom Weltgetriebe stehen, um auf das praktische Leben mit Gleichgiltigkeit herabblicken zu können; mögen sie sich in Erinnerung rufen, dafs es die edelste Aufgabe der Philosophie bleibt, befruchtend auf Natur- und Rechtswissenschaft zurückzuwirken.

Und zur Verbreitung dieser Ansicht bestrebt sich diese Arbeit, einen kleinen Beitrag zu liefern! —

Inhaltsübersicht.

	Seite
Vorwort	III
Erstes Kapitel. Kritik des Causalitätsbegriffes in der Philosophie.	1—35
a. Unterscheidung von Ursache und Bedingung innerhalb des Causalitätsbegriffes	1—15
b. Anwendungsfälle und Erscheinungsformen der Causalität (äufsere, physio-psychische, psycho-physische, innere Causalität)	15—20
c. Erkenntnistheoretische Begründung des Ursachenbegriffes (Kants transcendentaler Idealismus von Hartmann, Mills Empirismus von Volkelt widerlegt). Transcendentaler Realismus	20—35
Zweites Kapitel. Kritik des Causalitätsbegriffes im Rechte	36—67
a. Verhältnis der äufseren Causalität zum Begriffe der subjektiven Verantwortlichkeit	36—46
b. Das Recht begnügt sich bei seinem Causalitätsbegriff häufig mit der Wahrscheinlichkeit des Erfolges	46—54
c. Kritik der Lehre von Bar, Buri, Lammasch, Binding und Birkmeyer	54—67
Drittes Kapitel. Bewirken durch Unterlassen	68—91

Erstes Kapitel.
Kritik des Causalitätsbegriffs in der Philosophie.

Kein Problem der Metaphysik und Erkenntnistheorie wurde mit so erschöpfender Gründlichkeit und liebevoller Hingebung von allen unseren Philosophen erörtert, als das Verhältnis zwischen Grund und Folge im Denken und zwischen Ursache und Wirkung in der Natur, im Leben.

Der Causalitätsgedanke ist der rote Faden, der sich durch die philosophischen Systeme aller Zeiten von Heraclit bis zu Hartmann zieht, die Fahne, unter welcher unsere Denker kämpften und siegten, meist aber auch der Schwierigkeit des Problems erlagen.

Woran liegt es wohl, daſs das Verhältnis zwischen Ursache und Wirkung der Anschauung und dem Erkennen solch unüberwindliche Schwierigkeiten bereitet? —

Ist es in der That bloſs eine Mystifikation der Natur, wenn sie uns, indem wir die Geschichte ihres Werdens, die Phasen ihrer Entwicklung, die Regelmäſsigkeit ihrer Veränderungen zu enthüllen suchen, als einzigen Kommentar zu all diesen Wundern das Causalitätsgesetz mit auf den Weg gegeben hat?

Ist dieses Gesetz, nach welchem wir die Pläne unseres Lebens entwerfen, die geringfügigsten und bedeutungsvollsten Handlungen vollbringen, bloſs eine Marotte unseres irregeleiteten Denkens oder darf dasselbe eine von unserem Denken unabhängige transsubjektive Bedeutung für sich in Anspruch nehmen?

Gesetzt den Fall, daſs zwei Ereignisse in der Natur unabhängig von unserer menschlichen Auffassung miteinander wirklich causal verknüpft sein sollten, wie kommt es, daſs dieser angebliche

Causalzusammenhang sich in der Natur blofs in der Form einer gewöhnlichen Succession verwirklicht? —

Wo hört die Erscheinung der Succession auf, wo beginnt das Phänomen des Causalzusammenhanges? —

Wie macht es die Ursache, dafs aus ihr die Wirkung hervorgeht? —

Schöpft sie die Kraft ihres Wirkens blofs aus sich selbst, oder aus den Bedingungen, unter welchen sie auftritt, oder liegt ein Teil der Wirkung am Ende gar in dem Wesen desjenigen, welches die Wirkung erleidet? —

Sind die Bedingungen, bei deren Vorhandensein eine Wirkung erzeugt wird, alle gleichwertig für das Zustandekommen des Erfolges, oder darf die wissenschaftliche Beobachtung sich anlehnend an die gewöhnliche Auffassung des Lebens eines oder mehrere der Coantecedentien als Ursache bezeichnen, die anderen zu blofsen Bedingungen degradiren? —

Und welcher von den Bedingungen soll die logische und sprachliche Auszeichnung zu Teil werden, als Ursache betrachtet zu werden?

Schon diese Fragen genügen, um die Schwierigkeit des Causalitätsproblems mit voller Schärfe hervortreten zu lassen! — Bevor wir uns aber in die Abgründe der Metaphysik stürzen, erscheint es unerläfslich, einige terminologische Bestimmungen ein für allemal festzustellen, um nicht die Unklarheiten des Problems durch Zweideutigkeiten der Sprache in unnützer Weise zu vermehren!

I. Erwägt man, dafs es stets **Veränderungen** in der Natur sind, die in uns das Bestreben hervorrufen, dieselben in causaler Weise zu erklären, erwägt man ferner, dafs diese Veränderungen in Form von Ereignissen, im Hervortreten oder umgekehrt im Aufhören eines Zustandes sich verwirklichen, dann wird man wohl der Lehre Schopenhauers[1] vollen Beifall schenken, der den Causalitätsbegriff nicht an Objekte, sondern an Zustände anknüpfte, und wir werden vielleicht, was sich mit Sicherheit aber erst am Ende unserer Untersuchung ergeben kann, die Berechtigung haben, zu sagen: **Ursache scheint uns jene Veränderung zu sein, welche durch ihre Thätigkeit und Kraft eine zweite Veränderung mit Notwendigkeit nach sich zieht.**

---

[1] Vierfache Wurzel vom Satz vom Grunde, § 20.

Freilich kommen wir, wenn wir mit dieser Definition Ernst machen und sie auf die Natur übertragen, zu einer anfangslosen Reihe von Gliedern; denn jede Veränderung führt uns auf ihre Vorgängerin und so ins Unendliche zurück; doch soll uns die Unfähigkeit des Denkens, diesen unendlichen Regreſs zurückzulegen, an der Richtigkeit unserer Ansicht vor der Hand nicht beirren! —

Während uns der Begriff der Veränderung den Weg in das geheimnisvolle Gebiet der wirkenden Ursachen (causa) erschlieſsen soll, verstehen wir unter Erkenntnisgrund (ratio) die logische Notwendigkeit, mit welcher wir zwei Begriffe in der Form eines Urteils verknüpfen und dieses Urteil deshalb für wahr halten, weil wir es mit einem andern Urteil begründen.

Läſst aber, wie Wundt[1] bemerkt, nur unser Denken aus dem Grunde die Folge hervorgehen, dann ist es klar, daſs es für uns ein gleichgiltiger Nebenumstand ist, ob diese Folge uns zugleich irgendwie in der Erfahrung gegeben ist.

So geht denn, was immer und immer in der Philosophie übersehen wurde, der Satz vom Grunde auf den Zusammenhang von Denkakten, das Causalitätsproblem auf den Zusammenhang von Ereignissen; fortwährend wurden diese beiden so heterogenen Begriffe miteinander verwechselt, und Wundt[2] konnte mit vollster Berechtigung sagen: „Die Zurückführung der Causalität auf den Erkenntnisgrund würde alsdann, aber auch nur dann berechtigt sein, wenn die Ursachen als Prämissen benützt werden könnten, aus denen ohne Rücksicht auf bestätigende Beobachtungen die Wirkungen zu erschlieſsen wären."

Kehren wir wieder zu unserm Begriff der Ursache zurück, nach welchem dieselbe eine Veränderung (Eintreten oder Aufhören eines Zustandes [ein Ereignis]) sein soll, welche durch ihre Kraft und Thätigkeit eine zweite Veränderung (das Eintreten oder Aufhören eines zweiten Zustandes [ein zweites Ereignis]) nach sich zieht, so ist es klar, daſs der Begriff der Veränderung eine weitere Analyse erfordert.

Damit ein Zustand, der früher nicht vorhanden war, in der Natur eintreten könne, damit ein Phänomen, das vorhanden ist, aufhöre, bedarf es meistens eines ganzen Komplexes von Faktoren, unter denen sich für die erste oberflächliche Betrachtung eine

---

[1] Wundt, Logik. S. 512.
[2] Wundt, Logik. S. 548.

wirkende Ursache (im engeren Sinne des Wortes), für die schärfere Analyse aber auch eine Reihe von mehr oder minder mafsgebenden anderen Bedingungen vorfindet, deren Bedeutung für den Erfolg nunmehr festzustellen ist und die uns durch ein Beispiel klar gemacht werden soll.

Wenn Tell den Apfel von dem Kopfe seines Kindes schiefst und es uns vergönnt sein sollte, Zeugen dieser denkwürdigen Handlung zu sein, dann werden wir wohl in der virtuosen Absendung des Pfeils die Ursache dafür erblicken müssen, dafs der Apfel durchbohrt vom Kopfe des Kindes herabfällt.

Bei näherer und schärferer Beobachtung finden wir aber eine Reihe von bedingenden Momenten, die für das Zustandekommen des Erfolges in ganz gleicher Weise erforderlich waren.

Für unseren Fall ist es einmal von entscheidender Bedeutung, dafs das Kind, im Vertrauen auf die Kunst des Vaters, bewegungslos dastehen mufs; die kleinste Bewegung des Knaben hätte die Kunst und Geschicklichkeit Tells zu Schanden gemacht. — Ebenso erscheint es notwendig, dafs Tell frei und unbehindert den Pfeil entsendet; die kleinste Bewegung, der kleinste Stofs hätte dem dahinschwirrenden Pfeil eine andere Richtung gegeben; als Bedingung erscheint ferner der Umstand, dafs nicht ein Wind, der sich etwa plötzlich erhebt, den Pfeil ablenkt; erwägen wir noch, dafs die Thätigkeit Tells, mit welcher er in die Naturcausalität eintritt, sich in einer kleinen Muskelkoncentration erschöpft und dafs alles, was derselben folgt, eine Reihe von sich auslösenden, von menschlicher Wirksamkeit bereits unabhängigen Ursachen darstellt, dann werden wir nicht mehr sagen, „der Apfel sank durchbohrt vom Kopfe des Kindes, weil Tell mit unerreichter Meisterschaft geschossen hatte", sondern wir werden hinzusetzen müssen, „weil der Bogen gerade trug und nicht ablenkte, weil der Wind sich nicht erhob, weil der Knabe bewegungslos dastand, weil Tell frei und unbehindert schofs, weil er die Entfernung, in der er stand, richtig kalkulirte, weil er richtig zielte, ja, weil der entschwirrende Pfeil dieselbe Parabel beschrieb, die Tell berechnete", — und wenn wir an dieser Stelle, erschöpft von der Menge unserer Gründe, innehalten wollten, da müfsten wir beschämt eingestehen, dafs wir nicht den kleinsten Teil der in der Natur vorhanden gewesenen Bedingungen berücksichtigt haben. —

So mangelhaft steht es mit unserem Erkenntnisvermögen und nun prüfen wir aufs neue den Begriff unserer Ursache, nach welchem dieselbe eine Veränderung sein soll, welche durch ihre Kraft und Thätigkeit eine zweite Veränderung mit Notwendigkeit nach sich zieht.

Analysiren wir nun nochmals den ganzen Komplex von Bedingungen, der sich uns auf einmal enthüllte, so finden wir bald, dafs der Begriff der Veränderung blofs auf dem psychischen Moment, in welchem Tell den Entschlufs fafst, auf das Ergreifen des Bogens, auf das Spannen desselben, auf den Druck der Hand, auf das Entschwirren und den Flug des Pfeils, auf die Durchbohrung des Apfels und auf das Niederrollen von Pfeil und Apfel, mit anderen Worten auf die successive sich auslösenden Teilursachen bezogen werden kann, dafs aber die Entfernung, aus der geschossen wird, das Naturgesetz, nach welchem der Pfeil im Fluge die Richtung einer Parabel beschreibt, die Unbehindertheit und Freiheit des Schützen, die bewegungslose Stellung des Knaben, der Umstand, dafs ein Wind sich nicht erhob, dafs alle diese bedingenden, teils positiven, teils negativen Umstände deren Vorhandensein, beziehungsweise Defiziren den Eintritt der Wirkung bestimmte, dem Begriffe der Veränderung nicht subsumirt werden können.

Und darum kommen wir mit Sigwart[1] im wesentlichen übereinstimmend zu dem Schlusse: „**Ursache ist uns eine Veränderung (Eintreten oder Aufhören eines Zustandes [ein Ereignis]), welche durch ihre Kraft und Thätigkeit eine zweite Veränderung (Eintreten oder Aufhören eines zweiten Zustandes [ein zweites Ereignis]) mit Notwendigkeit nach sich zieht; Umstände aber, die den Erfolg einer wirkenden Ursache modificiren oder gar verhindern, sind uns Bedingungen dieses Erfolges, von deren Vorhandensein, beziehungsweise Fehlen zwar indirekt der Erfolg, in Wahrheit aber nur die Fähigkeit der Ursache, zu wirken und das Mafs ihrer Wirksamkeit abhängen und die in der Erscheinungsform stabiler, ruhender Zustände für sich allein keine Veränderung erzeugen.**"

Würde es einer Bedingung vergönnt sein, die Wirkung selbst zum Teile zu erzeugen, dann wäre unsere Bezeichnung mit Hinblick auf einen konkreten Fall eine contradictio in adjecto, wir

---

[1] Sigwart, Logik. S. 433.

müſsten uns korrigiren und der vermeintlichen Bedingung den Rang einer wirkenden Teilursache einräumen.

Bis hierher sind wir mit Sigwart gegangen, um uns an dieser Stelle von ihm zu scheiden und zugleich gegen John Stuart Mill Stellung zu nehmen.

Sigwart lehrt[1], daſs unsere Unterscheidung zwischen Bedingung und wirkender Ursache bloſs auf dem Boden des **populären Begriffs** der Ursache und Wirkung gelten könne, daſs die weitere Bearbeitung, die auf die unveränderlich constant wirkenden (Natur-) Kräfte zurückgehe, jene Unterscheidung aufhebe und die **Ursache einer Veränderung der Gesammtheit der Bedingungen** gleichsetze, eine Auffassung, die von John Stuart Mill vollinhaltlich geteilt wird.

Denn auch John Stuart Mill definirt im System seiner deduktiven und induktiven Logik[2] **die Ursache als den Inbegriff der Bedingungen, positiver und negativer zusammengenommen, die Gesammtheit der Eventualitäten jeder Art, bei deren Verwirklichung das Consequens unvermeidlich erfolgt.**

Daſs wir bei einer solchen Auffassung des Causalitätsbegriffs bei der Schöpfung der Welt beginnen müssen, daſs es unserem Erkenntnisvermögen nicht vergönnt ist, auch nur den kleinsten Teil der vorhandenen Bedingungen im Leben zu erkennen, daſs es aber vor allem gänzlich falsch und verkehrt ist, **den ruhenden und in der Form stabiler Zustände auftretenden Bedingungen und den sich auslösenden oder von verschiedener Seite her wirkenden und in der Form von Veränderungen auftretenden Teilursachen** denselben Wert und dieselbe Bedeutung für das Zustandekommen der Wirkung einzuräumen, das ist einem so gründlichen Denker wie Sigwart und einem so klaren Beobachter wie John Stuart Mill vollkommen entgangen.

Hätte Mill den prinzipiellen Unterschied zwischen dem direkten Wirken der Ursache und dem indirekten Einfluſs der Bedingung festgehalten, dann wäre die Unterscheidung zwischen Causalzusammenhang in populärem und in wissenschaftlichem Sinne unterblieben und es wäre verschiedenen **hervorragenden Forschern** erspart

---

[1] Sigwart, Logik. § 95. S. 434.
[2] Mill, Logik, übersetzt von Gomperz. Buch 3. § 3.

geblieben, die unhaltbare Ansicht Mills mit überschwänglichen und begeisterten Worten als die einzig richtige zu glorificiren[1].

Es ist nämlich durchaus nicht dasselbe, ob ich sage: der ganze vorangegangene Zustand bedinge den nachfolgenden, oder ob ich behaupte, der ganze vorangegangene Zustand sei die Ursache des nachfolgenden. Die erstere Behauptung ist ebenso richtig, als die zweite verkehrt ist.

Es ist durchaus nicht dasselbe, ob ich sage: „$a+b+c+d+e+f$ (die Summe sämmtlicher Bedingungen) ist die Ursache für die Erscheinung g," oder ob ich sage: „die Veränderungen $a+b+c$ sind die Teilursachen des Erfolges g; sie konnten jedoch ihre Wirksamkeit nur dann entfalten, wenn d, e und f als Bedingungen ihrer Kraftbethätigung vorhanden waren." Wenn Hamlet Polonius durch die Tapetenthür hindurch ersticht, so war, abgesehen von der Fassung des Entschlusses, den König zu treffen und der Führung des Stofses jedenfalls auch die Beobachtung eines bestimmten Distanzverhältnisses zum Eintritt der Wirkung notwendig; denn wäre Polonius nicht dicht hinter der Thüre gelegen, dann hätte ihn der Degen des Prinzen nicht erreichen und tödtlich treffen können. Allein wer zweifelt daran, dafs die Ursache des Ereignisses blofs in der Führung des verhängnisvollen Streiches zu erblicken ist und dafs die Beobachtung einer bestimmten Entfernung zwischen den beiden Gegnern blofs die Veranlassung darstellt, unter welcher die Ursache ihre causale Kraft entfalten konnte? Wer zweifelt an der ungleichartigen Beteiligung der Coantecedentien am Erfolge? Richtig im negativen Sinne ist, dafs alle für eine Wirkung mafsgebenden Momente vorhanden und verwirklicht sein müssen, wenn ein konkreter Erfolg in der Natur eintreten soll; falsch ist aber die positive Behauptung, dafs sonach Bedingungen und Ursachen mit derselben Kraftbeteiligung am Erfolge participiren; denn so wahr es ist, in der Natur nur Gelegenheitsursachen gelten zu lassen, d. h. Ursachen, die nur unter Voraussetzung sämmtlicher notwendiger Bedingungen den Erfolg erzeugen, so richtig ist es auch, dieselben ausschliefslich im Kreise der Veränderungen aufzusuchen und den Bedingungen als ruhenden, d. h. bereits verwirklichten Voraussetzungen gegenüberzustellen.

Wir stehen übrigens mit unserer Anschauung, welche zwischen Ursache im engeren Sinn und Bedingung strenge unterscheidet, nicht isolirt da.

---

[1] Lammasch, Handlung und Erfolg. S. 26.

Wundt[1] in seiner Logik, Hartmann in seiner überaus klaren Grundlegung des transcendentalen Realismus teilen unsere Ansicht und Volkelt[2] ruft mit drastischem Humor: „Man muſs sich, scheint mir, ein Brett vor den Verstand nageln, um zu verkennen, daſs das ausnahmslose Folgen des A auf B nur dadurch verständlich werde, daſs A sich bestimmend, einwirkend gegen B verhalte, sich auf B hin geltend mache, sich mit seiner Beziehung nicht blofs bildlich, sondern wirklich auf B hin erstrecke.

Das Verhältnis von Ursache und Wirkung wird leer und sinnlos, die Unabänderlichkeit ihres Folgens wird zu einer brutalen, das Denken verbietenden Thatsache herabgesetzt, wenn ich der Ursache die Funktion des Bestimmens, des von sich Abhängigmachens nicht beilegen darf und es ist nicht, wie Mill meint, Laune und Willkür, sondern der richtige Gedanke, daſs die Ursache einer Wirkung sich zu deren Bedingungen, wie das Direkte zum Indirekten, das Centrale zum Peripherischen, das **Hervorbringende zum Begleitenden** verhalte."

Wenn Mill seinem Vorgänger Hume getreu diejenigen, die in der Causalität ein geheimnisvolles mächtiges Band erblicken, dem zufolge die Wirkung der Ursache nicht nur folgen, sondern von ihr hervorgebracht werden soll, verspottet, so dürfte diese Auffassung hauptsächlich auf die Nüchternheit des positiven Empirismus zurückzuführen sein, der allem, was in der Natur nicht unmittelbar gegeben ist, scheu aus dem Wege geht und dasselbe schon aus diesem Grunde für unmöglich erklärt, dabei aber, indem er vorgibt, nur das thatsächlich dem Bewuſstsein Gegebene zu berücksichtigen, fortwährend Anleihen bei der transsubjektiven Sphäre macht. Bei Sigwart aber, der den wissenschaftlichen Begriff der Ursache ebenfalls in der Summe sämmtlicher Bedingungen aufgehen läſst, liegen Gründe anderer Art vor, die ihn hiezu bestimmt und mit welchen wir uns nunmehr zu beschäftigen haben.

An einer Stelle seiner Logik § 73, die nicht vom Begriffe der Causalität, sondern vom allgemeinen Begriff des Wirkens (vom Substanzbegriff) handelt — und es liegt ja nahe, den Begriff der Causalität an den der Substanz anzuknüpfen, da die Ursache durch ihre Kraft und Thätigkeit die Wirkung hervorbringt — heiſst es wörtlich: „In demselben Maſse nun, als die logische Bearbeitung des Sub-

---

[1] Wundt, Logik. S. 536.
[2] Volkelt, Erfahrung und Denken. S. 227.

stanzbegriffes dazu drängt, die Substanz als etwas **Unveränderliches** zu denken, weil so am leichtesten ein fester und absolut bestimmbarer Begriff gewonnen werden kann, muſs auch die demselben zukommende Kraft, d. h. sein wesentliches Verhältnis zu anderen Substanzen als Grund von Veränderungen, als etwas **Unveränderliches** gedacht werden. Dann aber kann der Grund **wechselnden Verhaltens** nicht in dem liegen, was gleich bleibt, sondern nur in etwas, was sich verändert; veränderlich sind aber nur die Relationen der Dinge, vor allem die räumlichen; in diesen also muſs es liegen, dafs die Kräfte in **veränderlicher Weise** wirksam werden; sie enthalten die **Bedingungen der Wirkungsfähigkeit konstanter Kräfte**, dasjenige, wovon es abhängt, ob und welche **Veränderungen aus den im Begriffe der Kraft gedachten wesentlichen Beziehungen der Dinge folgen**. Dadurch scheidet sich der in der **Kraft liegende, von den Unterschieden der Zeit unberührte Grund der Veränderung** von den wechselnden Relationen als den Bedingungen, unter denen die wechselnden Folgen dieses Grundes eintreten. Daraus begreift es sich, wie die fortschreitende Präcisirung des Begriffs der Wirkung dazu führen muſs, als die Ursachen des wechselnden Geschehens nicht mehr die **Dinge zu nennen, sondern ihre Relationen, dem Begriff der Ursache als Grundes eines bestimmten Geschehens einen Inbegriff von Bedingungen zu substituiren, von denen ein Erfolg abhänge.**"

Wir können aber diese Auffassung nicht als gelungen bezeichnen und meinen im Sinne von Wundt[1] und Schopenhauer[2], dafs wenn Substanz und Naturkraft **unveränderliche** Voraussetzungen des Geschehens bilden, daſs es dann höchstens unpassend ist, eine **derartige permanente Bedingung** für die **Ursache** eines Phänomens zu halten und den Wechsel in den Relationen der Dinge, der das Zustandekommen des Phänomens erst **thatsächlich** erzeugt, unter die Reihe der **Bedingungen** zu zählen. Wir werden daher nicht sagen: „die Anziehungskraft der Erde ist die Ursache einer einzelnen Fallerscheinung", sondern wir können nur sagen: „das Emporheben eines Körpers in bestimmte Höhe und das Entziehen seiner Unterlage ist die Ursache des Phänomens", sowie man denn überhaupt

---

[1] Wundt S. 536.
[2] Schopenhauer S. 147.

nur die Berechtigung hat, zwei Ereignisse miteinander causal zu verknüpfen. Dafs freilich der sich selbst überlassene Körper nunmehr in der Luft schweben würde, wenn die permanente Bedingung der Anziehungskraft nicht vorhanden wäre, dafs es eben die Naturkraft ist, die unserer Ursache (dem Emporheben und sich selbst Überlassen des Körpers) die causale Kraft verleiht, hindert uns nicht, auch die Naturkräfte zu den permanenten, unveränderlichen Bedingungen des Geschehens zu zählen, den Begriff der Ursache aber nur an jene Veränderung (Ereignis) anzuknüpfen, welche durch ihre ihr gewährleistete Kraft und Thätigkeit eine zweite Veränderung (Ereignis) in unfehlbarer Weise nach sich zieht. — Steht man, wie Sigwart selbst auf dem Standpunkt, in der Naturkraft etwas Unveränderliches und nur in den wechselnden Relationen der Dinge den Grund von Veränderungen zu erblicken, nun dann denken wir, wäre es doch konsequent gewesen, die Naturkraft für die Bedingung, den Wechsel in den Relationen der Dinge aber für die konkrete Ursache eines bestimmten Phänomens zu halten und dieses Verhältnis nicht umzukehren und damit auf den Kopf zu stellen! — Dieselbe Ansicht vertritt Schopenhauer[1] in den schönen Worten „von der endlosen Kette der Ursachen und Wirkungen, welche alle Veränderungen leitet, aber nimmer sich über diese hinauserstreckt, bleiben eben dieserhalb zwei Wesen unberührt: einerseits die Materie und andererseits die ursprünglichen Naturkräfte; jene, weil sie der Träger aller Veränderungen oder dasjenige ist, woran solche vorgehen; diese, weil sie das sind, vermöge dessen die Veränderungen oder Wirkungen überhaupt möglich sind, das, was den Ursachen die Causalität, d. i. die Fähigkeit zu wirken, allererst erteilt, von welchem sie also diese blos zu Lehen haben. Ursache und Wirkung sind die zu notwendiger Succession in der Zeit verknüpften Veränderungen.

Die Naturkräfte hingegen, vermöge welcher alle Ursachen wirken, sind von allem Wechsel ausgenommen, daher in diesem Sinne aufser aller Zeit, eben deshalb aber stets und überall vorhanden, allgegenwärtig und unerschöpflich, immer bereit, sich zu äufsern, sobald nur am Leitfaden der Causalität die Gelegenheit dazu eintritt.

Die Ursache ist allemal, wie auch ihre Wirkung ein Einzelnes, eine einzelne Veränderung; die Naturkraft hingegen ein Allgemeines,

---

[1] Schopenhauer, Vierfache Wurzel vom Satz vom Grunde. § 20.

Unveränderliches, zu aller Zeit und überall Vorhandenes, z. B. dafs der Bernstein jetzt die Flocke anzieht, ist die Wirkung; ihre Ursache ist die vorhergegangene Reibung und jetzige Annäherung des Bernsteins und die in diesem Prozefs thätige, ihm vorstehende Naturkraft ist die Elektricität."

Dafs diese lichtvolle und wahre Darstellung Schopenhauers eine heillose Konfusion sei und eine unwissenschaftliche Verschwommenheit bekunde, wie König[1] in seinen sonst trefflichen Ausführungen über das Causalproblem annimmt, kann durchaus nicht zugegeben werden; wir teilen Schopenhauers Anschauung und mifsbilligen blos den metaphysischen Gebrauch, den er vom Begriff der Naturkräfte gemacht hat. Will man diese Ansicht Occasionalismus nennen, nun so sei es denn! Haben wir uns erst überzeugt, dafs es nicht eine Ursache in der Natur giebt, die unabhängig von augenblicklich vorhandenen und von permanenten Bedingungen ihre Wirkung erzeugen kann, so werden wir auch vor dem Namen Gelegenheitsursachen nicht zurückschrecken!

Als ob die geheimnisvolle Kraft der Ursache dem Verständnis geringere Schwierigkeiten bereiten würde, als die der Gelegenheitsursache, als ob wir nicht beide Male vor einem Mysterium, vor einer Grenze unseres Witzes stünden!

Zu welchen Ungereimtheiten man gelangt, wenn man Bedingung und wirkende Ursache auch nur im Gebiete des Erkenntnisgrundes verwechselt, läfst sich an einer Reihe von Fällen, die dem Sprachgebrauch des gewöhnlichen Lebens entnommen sind, deutlich zeigen!

So kann man im alltäglichen Gespräche folgende Urteile hören: „die Soldaten wurden geschlagen, weil die Wache schlief"; „der Baum wurde vom Sturme fortgerissen, weil er hohl war"; „der Blitzstrahl zündete das Haus an, weil kein Blitzableiter da war"; „er sank unter, weil er nicht schwimmen konnte".

Wer fühlt da nicht die Verkehrtheiten, zu denen der gewöhnliche Sprachgebrauch gelangt, deutlich heraus!

Die Niederlage der Soldaten kann nur in dem überwältigenden Angriff der Feinde, das Umwehen des Baumes nur in der Gewalt des Sturmes, das in Brandgerathen des Hauses nur im Einschlagen des Blitzstrahles ihre Begründung finden und der Tod, den ein Mensch durch Ertrinken im Wasser findet, kann nur auf den Um-

---

[1] König, Entwicklung des Kausalitätsproblems seit Kant. S. 41.

stand zurückgeführt werden, dafs der Betreffende ins Wasser gegangen oder gefallen sein mufs.

In allen diesen Fällen werden Bedingungen, deren Vorhandensein oder Ausbleiben den wirkenden Ursachen ihre Causalität und das Mafs ihrer Wirksamkeit zusicherten, irrtümlicherweise für die Ursachen selbst gehalten.

Und so unhaltbar sich diese Lehre schon im Gebiete des Erkenntnisgrundes ausnimmt, so unhaltbar ist sie im Gebiete der wirkenden Ursachen.

Jede Gleichstellung von Bedingung und Ursache ist eine Verkennung des Sachverhaltes. Wenn aber Mill fortfährt, dafs wir gewöhnlich diejenige Bedingung aus dem Komplexe der Bedingungen als Ursache herausheben, deren Anteil an der Sache bei oberflächlicher Betrachtung am augenfälligsten ist und die uns je nach dem Zweck, den unsere Untersuchung verfolgt, gerade am meisten interessiert, so ist ihm einfach darauf zu entgegnen, dafs wir, falls wir zu einer Durchdringung des Zusammenhangs vorgeschritten sind, gar nicht die Freiheit einer Wahl besitzen, ein Satz, der erst im Zusammenhang mit unseren späteren Untersuchungen vollkommene Klarheit erhalten wird.

Fragen wir, was Ursache und Bedingung, abgesehen davon, dafs die erstere als Veränderung, die zweite als ruhender Zustand auftritt, dafs die erste den Erfolg wirkt, die zweite der Ursache ihre causale Kraft blos zusichert, gewährleistet, ohne selbst **direkt** am Erfolge beteiligt zu sein, von einander noch weiter unterscheidet, so werden wir kaum ein drittes abgrenzendes Merkmal vorfinden.

Zwar glaubte Wundt die Ursache von den Bedingungen dadurch abgrenzen zu können, dafs er die erstere jene Bedingung nannte, aus der die Wirkung qualitativ und quantitativ vollkommen hervorgehen könne.

Allein wir glauben, dafs es gerade die Bedingungen sind, die das Mafs der Wirkung modificiren.

Wenn ich mir denke, dafs ein von einem Räuber schwer Verwundeter im Walde an einer einsamen Stelle liegt und ihm ein Mensch begegnet, der ihm das Versprechen giebt, sofort selbst einen Arzt zu holen, hernach aber sein Wort nicht hält, so ist, falls der Verwundete verblutet, die Handlung des Räubers Teilursache, das Vorgehen des Zweiten Bedingung des eingetretenen Erfolges, da durch die Vernachlässigung der Wunde weitere Veränderungen in dem Organismus eintraten, die vereint mit der bereits vorhandenen Teilursache zusammen den Tod erzeugten; es scheint aber gerade, als ob das Maſs der Wirkung durch die Bedingung bestimmt worden wäre, da die Verwundung bei rechtzeitiger Unterbindung vielleicht nicht tödtlich verlaufen wäre.

Wenn das Foucaultsche Pendel bei langem Bindfaden die Kurve zwanzigmal nach beiden Richtungen beschreibt, bei doppelt so kurzem Faden die Bewegung vierzigmal zurücklegt, dann dürfte in dem Stoſse, der dem Pendel erteilt wurde, in beiden Fällen die Ursache der Bewegung gelegen sein; daſs aber das eine Mal 20 Schwingungen, das zweite Mal die doppelte Anzahl zurückgelegt wird, das muſs wohl auf die Fähigkeit der Bedingung, die Wirkung zu modificiren, auf die Länge des Fadens zurückgeführt werden können.

Wenn eine Krankheit einen Menschen dann tödtet, wenn bestimmte Begleitungserscheinungen derselben auftreten, und ungefährlich verläuft, wenn dieselben ausbleiben, wenn es ferner ärztlicher Kunst gelingen sollte, in einem Krankheitsfalle, in welchem sich die bösartigen Begleitungserscheinungen bereits eingestellt haben, dieselben zu zerstören, und hiermit der Ursache ihre causale Kraft zu nehmen, dann wäre unsere Behauptung, daſs es die Bedingungen sind, von denen die Fähigkeit der Ursache zu wirken und das Maſs ihrer Wirkung abhängen, beinahe bis zur Evidenz erwiesen.

Auch der Strom der Weltgeschichte flieſst dahin, dem Gesetze der Causalität gehorchend. Wenn Jesus Christus für seine Überzeugung stirbt, und damit der Begründer einer Weltreligion wird, Sokrates dasselbe leistet und dafür höchstens als Geistesmärtyrer von einer kleinen Gemeinde gepriesen wird, dann waren die Zeitbedingungen, unter welchen die gleichen Ursachen wirkten, verschieden. Denn im wesentlichen haben beide Männer dasselbe geleistet.

Fassen wir nun die Ergebnisse dieser Einleitung in kurzen Worten zusammen, so ergiebt sich uns bis auf weitere Prüfung folgendes Resultat:

Ursache eines Phänomens ist eine Veränderung (Eintreten oder Aufhören eines Zustandes) [ein Ereignis], welche durch ihre Kraft und Thätigkeit eine zweite Veränderung (Eintreten oder Aufhören eines zweiten Zustandes) [ein zweites Ereignis] mit Notwendigkeit nach sich zieht, wenn die für das Ein-

treten des Erfolges notwendigen Bedingungen vorhanden sind.

Bedingungen eines Erfolges sind ruhende stabile Zustände, von deren Vorhandensein oder Deficiren die Fähigkeit einer Ursache, überhaupt zu wirken, und das Maſs ihrer Wirksamkeit abhängen, die aber für sich allein keine Veränderung erzeugen.

Zu den Bedingungen gehören auch die Naturkräfte.

Die wirkende Ursache bei einem Phänomen ist entweder eine Einzelursache, oder es beteiligen sich an dem Zustandekommen des Erfolges eine Mehrheit von Ursachen.

Dieselben sind entweder successive, sich auslösende Teilursachen, die uns die Glieder derselben Kausalkette darstellen, oder sie sind gleichzeitig oder nacheinander, jedoch von verschiedener Richtung wirkende und darum auf verschiedene Causalketten zu beziehende Teilursachen.

Dieselben können sich, indem sie dasselbe Ziel in ihrer Richtung verfolgen, in ihrer Wirksamkeit verstärken; sie können sich, indem sie nach entgegengesetzten Zielen streben, in ihrer Wirkung schwächen und die mit der gröſsten Kraft ausgestattete Ursache wird schlieſslich den Eintritt und die Beschaffenheit der Wirkung bestimmen.

Die Auffassung, daſs die Ursache gleich sei der Summe aller Bedingungen, bei deren Verwirklichung das Consequens unvermeidlich folgt, ist unrichtig.

Ihr liegt die richtige negative Erwägung zu Grunde, daſs Ursachen ihre Wirkungen nur dann erzeugen können, wenn sämmtliche für das Eintreten des Erfolges notwendigen Bedingungen vorhanden sind und daſs der Erfolg cessiren müſste, wenn auch nur eine Bedingung deficiren würde.

Sie irrt aber, wenn sie daraus die Berechtigung zum Schlusse ableitet, daſs Bedingungen und Ursachen mit derselben Kraftbeteiligung am Erfolge participiren. Denn sie übersieht, daſs Bedingungen und wirkende Ursache ungleichwertige Faktoren sind, daher nicht unter den Collectivausdruck Bedingungen zusammengefaſst werden dürfen; sie vergiſst, daſs die Notwendigkeit, mit der die erste Veränderung die zweite nach sich zieht, blofs in der Kraft und Thätigkeit der erstern ihre Erklärung finden kann.

Indem sie die Unvermeidlichkeit des Erfolges blofs statuirt, aber nicht begründet, setzt sie sich darüber hinweg, dafs sie zwei Zustände einander folgen und nicht auseinander erfolgen läfst; sie isolirt zwei Glieder einer Kette, die einmal nur durch ihren innern Zusammenhang, nur dadurch, dafs das eine Glied sich an dem zweiten bethätigt, das zweite nach sich zieht, begriffen werden können.

Und so predigt sie den Zufall, redet dem Wunder das Wort, wo es uns vergönnt ist, durch Einführung des Kraftmomentes in den Begriff der Ursache jeden Zufall zu vermeiden und dem Wunderbaren zu entrinnen.

II. Die sonderbare Doppelstellung, die der Mensch der Natur gegenüber einnimmt, indem er zunächst als Objekt gegeben ist und als solches eine bestimmte Stelle im Weltzusammenhange einnimmt, indem zum zweiten aber die Welt sich in seiner Betrachtung wiederspiegelt, bringt es mit sich, dafs er dem Zwange der Causalität nicht weniger wie viermal und stets in anderer Weise unterworfen ist! —

Zunächst können wirkende Ursachen ihn selbst zur Zielscheibe ihres Wirkens machen; er unterliegt, wie alles, was in der Natur gegenständlich gegeben ist, dem Zwange der allgemeinen Kausalität.

Zum zweiten aber eröffnet sich der denkenden Betrachtung die Welt als Gegenstand der Wahrnehmung (physo-psychische Causalität).

Durch unsere eigenen Sinnesorgane accreditirt, steht sie mit unabweisbarer Gewalt vor unseren Augen, zwingt uns, bis auf weiteres an ihre Realität zu glauben, und wollten wir sie, wie ein böses Traumbild, von uns verscheuchen, dann würde sie uns, wie die Sorge Faust, die höhnische Antwort geben: „Bin einmal da!" —

Zum dritten bedarf der kleinste Willensentschlufs, soll er nicht bewufstseins-immanent bleiben, sondern durch Handlung realisirt werden, des Eintritts in den äufseren Zusammenhang, er bedarf einer mechanischen Einreihung in die durch Naturcausalität verbundene Aufsenwelt (psycho-physische Causalität).

Und endlich sind auch unsere Willensentschlüsse nicht auf ein liberum arbitrium zurückzuführen; auch ihr Zustandekommen unterliegt dem Gesetze der Notwendigkeit; Vorstellungen von zwingender Gewalt (Motive) bewegen unsere Seele zum Wollen und dieses einzige Gebiet der scheinbar immanenten Causalität, d. i. eine Causalität, bei der zwei einander erzeugende Zustände (Motiv und Willensakt) dem Bewußtsein unmittelbar gegeben sind, wird sich uns bei näherer Betrachtung in transcendente auflösen, d. h. in eine Causalität, bei welcher ein dem Bewußtsein nicht gegebener Faktor beteiligt ist.

Betrachten wir diese vier Gruppen nach dem Orte ihrer Wirksamkeit und vom Standpunkte des Menschen, so lassen sie sich auch als rein äußere, als von außen nach innen wirkende, als von innen nach außen thätige und als rein innerliche Kausalität bezeichnen.

Von diesen vier Gruppen wollen wir nun die drei letzteren in den äußersten Umrissen ins Auge fassen.

Ad 2. Jede Wahrnehmung erzeugt in uns eine sinnliche Empfindung, die wir als Wirkung auffassen und auf dasjenige transcendente Objekt als ihre Ursache beziehen, welches unsere Sinnlichkeit afficirte. Und so stehen wir vor der merkwürdigen Thatsache, daß das eine Glied der Causalkette ein transcendentes (außerhalb des Bewußtseins Gegebenes), das zweite Glied ein bewußtseinsimmanenter Zustand ist (sinnliche Empfindung, Vorstellung), und daß die notwendige Verknüpfung der beiden ungleichartigen Faktoren nur in der Kraft und Wirksamkeit des transcendenten Gliedes gefunden werden kann. Sollte es nun aber jenem Transcendenten gar gelingen, nicht nur bei uns, sondern bei jedem, gleiche Sinnlichkeit vorausgesetzt, die gleiche Empfindung zu erzeugen, dann werden wir, ohne den Vorwurf der Oberflächlichkeit zu riskiren, sagen: „Dem Transcendenten kömmt eine von unserer Vorstellung unabhängige Bedeutung zu, denn was auch immer sein innerstes Wesen sein möge, es wirkt auf das Bewußtsein der verschiedenen Menschen in gleicher Weise ein, und um zu wirken, muß es vor allem existiren."

Allein es ist hier noch nicht die geeignete Stelle, um auf die Grundwahrheit des transcendentalen Realismus einzugehen; wir bleiben vor der Hand bei der merkwürdigen Thatsache stehen, daß uns ein Objekt gegeben ist, welches eine Vorstellung in uns erzeugt; daß mit einem physischen Phänomen (dem physiologischen Akt des Sehens oder Hörens) ein psychisches Phänomen (der psychische Akt der Empfindung und Vorstellung des Objektes) notwendig verknüpft ist, und um nicht in das Vorurteil des Materialismus zu verfallen, nach welchem geistige Erscheinungen unseres Seelenlebens von mechanischen Vorgängen in unserem Gehirn kurz und bündig erzeugt werden, werden wir wohl lieber mit Wundt einen Parallelismus zwischen physischen und psychischen Vorgängen annehmen, nach welchem jedesmal, wenn wir eine durch die Sinneswahrnehmung vermittelte physiologische Wirkung erleiden, gleichzeitig hiermit auf eine allerdings unerklärliche Weise eine psychische Wirkung verknüpft ist.

Wollen wir uns dies graphisch darstellen und mit α die Reihe der Wahrnehmungsobjekte, mit A die Reihe der physischen, mit B die Reihe der psychischen Phänomene bezeichnen, so würde jedesmal, wenn A als physiologische Wirkung eines Wahrnehmungsobjektes α in uns aufträte, hiermit gleichzeitig B als psychische Begleitungswirkung erzeugt werden (Bewußtwerden der Wahrnehmung).

$$\alpha \circ \overset{A}{\frown\frown} \circ B$$

Das Band, das aber A mit B verknüpft, ist in der Erfahrung nie gegeben, da unserm Erkennen nur die materielle Seite der Sinneswahrnehmung enthüllbar ist und so gilt denn für die Erklärung der sinnlichen Empfindung trotz allem materialistischen Geschrei Reymonds resignirendes „Ignorabimus"! —

Ad 3. Wenn wir vorhin auf wunderbare, mysteriöse Weise von außen nach innen gelangten, so soll jetzt unsern Willensentscheidungen, den Entschlüssen unserer Seele der Weg gebahnt werden, um aus ihrer inneren Geburtsstätte in das Reich der Wirklichkeit hinauszutreten.

Erwägt man, daß jede Handlung im Leben eigentlich nichts anderes, als den Vorgang einer motorischen Innervation bedeutet, so stehen wir wieder vor der sonderbaren Zumutung, einem geistigen Faktor (dem Willensentschlusse) die Kraft zuzumuten, die motorischen Nerven in Bewegung zu setzen.

Auch dagegen sträubt sich unsere bessere Einsicht, wir können uns materielle Veränderungen einmal nur von materiellen Ursachen erzeugt denken und so bleibt uns nichts übrig, als in ähnlicher Weise wie im obigen Falle mit dem psychischen Phänomen des Willensentschlusses einen materiellen Vorgang im Gehirn uns immer ideell verknüpft zu denken, der dann einen motorischen Innervationsprozeß auslöst, mit welchem wir in die Naturcausalität eintreten.

Auch hier erscheint das Band, welches das psychische Phänomen des Wollens mit einem materiellen Vorgang im Gehirn verknüpft, in der Erfahrung nie gegeben.

Ad 4. Und weiter führt uns unser unermeſsliches Causalitätsbedürfnis, sowie wir die Handlung auf einen Willensakt zurückgeführt haben, nunmehr auch für die Entstehung des Willensaktes eine Ursache zu suchen. Mit andern Worten, wie es Naturgesetze des Handelns giebt, so muſs es auch Naturgesetze des Wollens geben und es ist nunmehr unsere Aufgabe, auch diese zu analysiren. In der That dürfte der innerliche Moment, den wir mit dem Ausdruck „Wollen" bezeichnen, auf die Macht und den Zwang gewisser Vorstellungen zurückzuführen sein, die uns unser Intellekt zunächst vorführt, um an uns die Anfrage zu richten, ob sie unserm Charakter genehm sind. Sind sie es, was sich meist in bestimmten, ihnen entgegenkommenden Gefühlen äuſsert, dann nehmen sie die Gewalt von Motiven an und bewegen unsere Seele zur Fassung eines Willensentschlusses.

Sind sie es nicht, dann prallen sie machtlos von uns ab und werden von uns als unwillkommene Vorstellungen zurückgewiesen.

War es uns aber bisher in den drei ersten Fällen vergönnt, dem Treiben wirkender Ursachen wenigstens zum Teile im Gebiete der Auſsenwelt zuzusehen, so stehen wir jetzt auf gänzlich innerlichem Boden und müssen uns bei der Erklärung eines rein innerlichen, immateriellen Zusammenhangs auf behutsame Vermutungen beschränken.

Vor allem fällt uns hier zu richtiger Zeit ein schönes Wort John Stuart Mills ein: „Die Dinge sind nie thätiger, als bei Erzeugung jener Erscheinungen, bei welchen, wie man meint, nur auf sie eingewirkt wird."

Sehen wir einmal schärfer zu!

Wenn die Vorstellung in der That erst dann unsere Seele zur Fassung eines Willensentschlusses nötigt, wenn und weil sie derselben genehm ist, kömmt dann unserer Seele keine sehr aktive Beteiligung an der Erzeugung unserer Entschlüsse zu?

Müssen wir uns da nicht unserer eigenen Ansicht erinnern, daſs Bedingungen, denen es vergönnt ist, den Erfolg teilweise selbst zu erzeugen, nicht mehr Bedingungen, sondern wirkende Teilursachen genannt werden müssen? Und sind nicht in der That unsere Willensentscheidungen Produkt von Motiv und Charakter? —

Vielen Philosophen ist dieses Phänomen nicht entgangen und voll Begeisterung, von dieser einzig möglichen Stelle aus den Indeterminismus zu retten, erklären sie[1]: „Nicht das Motiv bestimmt den Charakter zum Wollen, sondern der Charakter wählt sich das Motiv, dem er gehorchen will!" —

Aber damit ist der Determinismus wahrlich noch nicht aus der Welt geschafft! denn erwägen wir, daſs der Charakter eines Menschen in einem gegebenen Momente ein absolut abgeschlossener, notwendig vorgezeichneter ist, dann wird er eben dasjenige Motiv wählen, das er seinem innersten Wesen nach wählen muſs und unser ganzer Gewinn besteht darin, die Naturnotwendigkeit des Vorgangs, mit welcher ein Mensch in einem konkreten Falle eine Willensentscheidung traf, nicht mehr mit der zwingenden Gewalt des Motivs, sondern mit der seines Charakters erklärt zu haben.

Für die Behauptung, daſs es demselben Menschen im vorigen Falle auch möglich gewesen wäre, eine andere Willensentscheidung zu treffen, für das eigentliche Dogma des Indeterminismus bietet die obige Ansicht auch nicht die kleinste Begründung.

Wie dem nun auch immer sein mag, ob es das Motiv ist, welches den Charakter zum Wollen zwingt, oder ob es der Charakter ist, der sich ein Motiv wählt, um demselben zu gehorchen, wir dürften die Berechtigung haben zu sagen: „Motiv und Charakter erzeugen zusammen den innerlichen Akt des Wollens."

Ähnlich behauptet Sigwart[2], daſs man auf die Frage, warum A dem B das Haus angezündet habe, nach einander antworten könne: „Weil er ihm schaden wollte, weil er ihn haſste, weil er rachsüchtig ist, weil er von B miſshandelt wurde" und daſs jede dieser Antworten einen näheren oder entfernteren, keine für sich den ganzen Erklärungsgrund gebe, der in der thatsächlichen Veranlassung und in der Natur des Menschen zusammen liege.

Wir sagten an einer früheren Stelle, daſs die Entstehung des Wollens das einzige Gebiet der scheinbar immanenten Causalität sei.

Da nämlich Motiv und Charakter zusammen unsere Willensentschlüsse erzeugen, die Mitwirkung unserer Seele aber eine reale Funktion eines dem Bewuſstsein nicht gegebenen, an sich seienden

---

[1] Wahle, Verteidigung der Willensfreiheit.
[2] Sigwart, Kleine Schriften. S. 160.

Wesens darstellt, so löst sich das einzige Gebiet scheinbar immanenter Causalität in transcendente Causalität auf.

Es bedarf von unserer Seite noch einer Erklärung, warum die Entstehung des Wollens das **einzige** Gebiet der scheinbar immanenten Causalität sei.

Wie, soll es einer Vorstellung unmöglich sein, eine zweite notwendig nach sich zu ziehen, soll ein Gefühl kein Urteil provociren können, an eine Vorstellung sich ein Gefühl nicht notwendig knüpfen müssen? In der Form von Successionen erscheinen die verschiedenen Seelenvorgänge gewifs verknüpft.

Giebt es doch beinahe keine Urteilsfällung, die nicht von einem Gefühl begleitet wäre, kein Gefühl, dem nicht ein Urteil folgen würde[1]! —

Aber von einer Causalität darf wohl nicht gesprochen werden; „die subjektive Erscheinungswelt bildet, wie Hartmann[2] sagt, eine inhaltlich zusammenhangslose Succession und die stellenweise in kürzeren Successionsreihen auftretende scheinbar immanente Causalität bildet nur den partiellen Bewufstseinsreflex von realen Causalprozessen zwischen den Dingen an sich, wie denn die Kategorie der Kausalität nur die Vorstellung (Gedankenreproduktion) der transcendenten oder realen Causalität ist." — Auch die Erscheinung der Ideenassociation vermag diese Auffassung nicht zu erschüttern; denn Vorstellungen, die durch Ähnlichkeit oder Kontrast andere Vorstellungen heraufbeschwören, das eine Mal sich associiren, ein zweitesmal aber isolirt im Bewufstsein auftreten, enthalten nichts von jener Notwendigkeit an sich, die den Causalzusammenhang von einer gewöhnlichen Succession unterscheidet. —

III. Unsere Untersuchung ist nun so weit gediehen, um auf die genialen Versuche unserer grofsen Forscher Rücksicht nehmen zu können, von welchen das Causalitatsproblem vertieft, geklärt, aber auch discreditirt und bis zur Unkenntlichkeit entstellt wurde. Ein Eingehen auf ihre Lehre erscheint aber von unserem Standpunkt geradezu notwendig, weil wir den von uns vertretenen Begriff der Causalität nunmehr auch metaphysisch rechtfertigen müssen. Wenn wir nunmehr blofs an die Namen Hume, Kant, Schopenhauer, Mill, Hartmann und Volkelt anknüpfen, so dürfte diese Selbstbeschränkung sich wohl im Laufe dieser Arbeit von selbst

---

[1] Vergl. Brentano, Psychologie.
[2] Hartmann, Kritische Grundlegung des transcendentalen Realismus.

rechtfertigen. Kömmt es doch nicht auf die Menge, sondern auf den Wert der geistigen Vorarbeit an und wir wüfsten niemanden in der Geschichte der Philosophie zu nennen, der unser geheimnisvolles Problem skeptischer wie Hume, revolutionärer wie Kant, und richtiger, wie Hartmann erörtert hätte.

1. Wenn Locke den Inhalt der Erfahrung als das einzige bezeichnet, welches uns wahre Erkenntnis gewinnen läfst und dabei in naiv-realistischem Sinn die Wahrnehmung als dasjenige Medium bezeichnet, durch welches wir unanfechtbare Klarheit über die Welt gewinnen (Sensualismus), so setzt auch Hume an dieser Stelle ein; um aber zu dem entgegengesetzten Schlusse zu gelangen, dafs die Klarheit unserer Wahrnehmungen und der Schlüsse, die wir aus denselben ziehen, eine überaus anfechtbare sei, dafs sie die Unmöglichkeit begründe, gewissen Relationen, die alltäglich als giltig postulirt werden, einen mehr als subjektiven Wert beizulegen und dafs dies in auffälligster Weise gerade beim Causalitätsbegriffe der Fall sei.

Denn wenn das eigentliche causale Band zwischen Ursache und Wirkung in der Erfahrung nie gegeben, jedes **über die Wahrnehmung hinausgehende Urteil** aber logisch grundlos sei, so könne nur in einer **psychologischen** Eigentümlichkeit, in einer ungerechtfertigten Lieblingsgewohnheit der Menschen der Grund liegen, warum **Successionen**, die blofs die Beziehungen der räumlichen Kontiguität (?) und das nach einander aufweisen, **als causale** Zusammenhänge aufgefafst werden. Nichts gebe uns die Berechtigung, zu erwarten, dafs der Lauf der Natur derselbe bleiben werde, jeder derartige Schlufs sei ein ungerechtfertigter Induktionsschlufs, den die Natur mit Leichtigkeit widerlegen könne. „Das causale Schliefsen sei ein Produkt der Gewohnheit, durch welche eine nach den Gesetzen der Einbildungskraft zu Stande gekommene Gedankenverbindung allmählich sich zu dem Glauben an eine untrennbare Zusammengehörigkeit der Objekte befestigt"[1]. Da nun aber die räumlichen und zeitlichen Verhältnisse der Ursachen und Wirkungen gegeben seien, die **notwendige Verknüpfung** aber **auf ungerechtfertigte Weise** hinzugedacht werde, so zerfalle der blofs auf psychologische Associationsgesetze zurückzuführende Causalbegriff. Man müsse sich zwar seiner als

---

[1] König, Kausalproblem. — Kant S. 224.

unentbehrlichen Begriffs im Leben bedienen, er habe aber objektiv keine Berechtigung.

Diesem ganzen positivistischen Gedankengang, der für denjenigen, der den **Kraftbegriff** innerhalb des Causalitätsbegriffes eliminirt, eigentlich selbstverständlich ist, ist aber entgegenzuhalten, daſs das Causalproblem nicht psychologischer, sondern logischer Natur ist, daſs das psychologische Associationsgesetz selbst auf der **Annahme der Giltigkeit** des Causalitätsbegriffs beruht (Vorstellungen ziehen andere notwendig nach sich[1]), und daſs es nach Hume unbegreiflich erscheinen muſs, warum unsere Lieblingsgewohnheit, Ereignisse, die einander folgen, causal zu erklären, sich nur bei ganz bestimmten Successionen einstellt, dagegen bei einer Reihe von sehr häufig wiederkehrenden Successionen (z. B. der Folge von Tag und Nacht) nicht hervortritt.

Der Grundfehler seiner Erkenntnistheorie liegt erstens darin, daſs er die Erfahrung allein, aber nicht unsere konstitutiven Erkenntnisprincipien, die unabhängig von, ja vor jeder Erfahrung gegeben sind, berücksichtigt hatte und daſs er zweitens im äuſsersten Grade vorschnell und leichtfertig urteilte, wenn er einem Vorgang, den er seinerseits bloſs subjektiv zu deuten wuſste, aus diesem Grunde allein jede transsubjektive Bedeutung abgesprochen hatte! —

2. Hatte Locke im Gegensatz zu Leibnitz in vollster Überschätzung des Wertes der Sinneswahrnehmung dem Denken jede Apriorität abgesprochen und war Hume in Konsequenz dieser Lehre dazu gekommen, die Realität der Causalität überhaupt zu leugnen, da sie für ihn nunmehr weder vor, noch in der Erfahrung existirte, so setzte durch diesen Skepticismus aufs Äuſserste erregt Kants transcendentaler Idealismus an dieser Stelle ein und der Vertiefung dieses groſsen Geistes in das Problem der Causalität verdanken wir nicht zum kleinsten Teile die Kritik der reinen Vernunft. Es kann nicht die Aufgabe dieser Skizze sein, den Gesammtinhalt der Kantschen Lehre hier wiederzugeben, die, im vollen Zusammenhange dargestellt, über die Erörterung des Causalitätsproblems allerdings erst ein klares und volles Licht verbreiten würde.

Es müssen einige principielle Bemerkungen genügen.

Kant fand, daſs sich an jeder unserer sinnlichen Wahrnehmungen zwei geistig verschiedene Faktoren beteiligen, Sinnlichkeit, welcher der rohe Stoff der Auſsenwelt gegeben wird und Vernunft, die ihn

---

[1] Wenigstens nach Hume.

denkend bearbeitet, so dafs jede Anschauung eigentlich ein intellektueller Vorgang ist, eine Auffassung, welche durch die moderne Sinnesphysiologie ihre vollste Bestätigung gefunden hat.

Wollte er nun aber den Wert der sinnlichen Wahrnehmung bestimmen, so mufste er vorher prüfen, welchen Anteil Sinnlichkeit und Verstand aus eigenen Mitteln zum Stoffe der Aufsenwelt hinzufügten; kurz er mufste nicht die Erfahrung, sondern die Entstehung der Erfahrung einer Kritik unterziehen und da kam er denn zu dem Resultat, dafs gewisse Vorbedingungen in uns vor aller Erfahrung (a priori) vorhanden sein müfsten, damit Erfahrung entstehen könne und fand sie in Raum und Zeit als den Formen unserer Sinnlichkeit, unter denen uns Gegenstände in der Aufsenwelt gegeben sein können und in gewissen, vor aller Erfahrung gegebenen Stammbegriffen unseres Verstandes, nach welchen wir die Erscheinungen in der Welt auffassen und denkend verknüpfen.

Unter diesen 12 Kategorieen, deren Aneinanderreihung übrigens den lebhaftesten Angriffen ausgesetzt ist, befindet sich auch die Kategorie der Causalität. Wenn nun aber Raum und Zeit und die Kategorien unseres Verstandes, also auch die Causalität, Bedingungen einer jeden Erfahrung sind, sonach die Aufsenwelt sich nach ihnen beständig richten müsse, so dürfen diese Begriffe doch blofs auf die uns gegebene Erscheinungswelt, auf den Kreis menschlicher Erfahrung bezogen werden.

Da uns Objekte blofs unter den subjektiven Voraussetzungen unserer Sinnlichkeit und unseres Verstandes gegeben sind, welche ihrerseits so viel zum rohen Stoff der Empfindung hinzufügen, so wissen wir nicht, was die Dinge an sich selbst sind und dürfen, da sie nicht den Gegenstand einer möglichen Erfahrung bilden, auf diese weder die Anschauungsformen von Raum und Zeit, noch die Kategorien, daher auch nicht die Kategorie der Causalität beziehen.

Was das Wesen, welches der Erscheinung zu Grunde liegt, was das Ding an sich ist, darüber können wir gar nichts aussagen; es interessirt uns aber auch nicht, da wir es ja nur mit einer Welt von Erscheinungen zu thun haben. Das Ding an sich verflüchtigt sich sonach zum negativen Grenzbegriff, zum transcendentalen Objekt, d. h. zu jenem unbekannten Gegenstand sinnlicher Anschauung, als dessen Wirkung wir die Erscheinung auffassen. Was nun das Problem der Causalität selbst betrifft, so findet es sich bei Kant in folgender Form: „Alle Veränderungen geschehen nach dem Gesetze der Verknüpfung der Ursache und Wirkung" oder anders ausgedrückt: „Alles was geschieht (anhebt, zu sein) setzt etwas voraus, worauf es nach einer Regel folge" und für die erstere richtige Formulirung des Problems wird uns folgender höchst unrichtige Beweis seiner Apriorität geboten; „Die zu aller empirischen Kenntnis nötige Synthesis des Mannigfaltigen durch die Einbildungskraft giebt Succession, aber noch keine bestimmte; d. h. sie läfst unbestimmt, welcher von zwei wahrgenommenen Zuständen nicht nur in meiner Einbildungskraft, sondern im Objekt vorausgehe. Bestimmte Ordnung aber dieser Succession, durch welche allein das Wahrgenommene Erfahrung wird, d. h. zu objektiv giltigen Urteilen berechtigt, kommt erst hinein durch den reinen Verstandesbegriff von Ursache und Wirkung. Also ist der Grundsatz des Causalverhältnisses Bedingung der Möglichkeit der Erfahrung und als solche uns a priori gegeben" —

Da hatte Schopenhauer freilich ein leichtes Spiel, sich über diesen Apriotitätsbeweis lustig zu machen und Kant vorzuhalten, dafs er den entgegengesetzten Fehler wie Hume begehe, der alles Erfolgen im Folgen aufgehen lasse, indem er seinerseits eine jede Succession in ein causales Verhältnis auflöst. Da können wir freilich den Vorwurf erheben, dafs sich Succession im allgemeinen nicht causal erklären läfst, sondern dafs umgekehrterweise das einzige, was die Erfahrung bei causalen Verhältnissen bietet, die Form der Succession ist.

Aber was noch viel bedenklicher ist, als der mifslungene Aprioritätsbeweis der Causalität, — auch die Grundsteine des transcendentalen Idealismus wanken, jenes Glaubensbekenntnisses, zu welchem sich die bedeutendsten Forscher unseres Jahrhunderts bekannten und das Naturforscher, wie Helmholtz und Dubois-Reymond zu seinen Anhängern zählt! —

Es ist nicht Schopenhauers, sondern Hartmanns unvergängliches Verdienst, wenn er die höchst unpopuläre und unwillkommene Arbeit übernahm, das über 100 Jahre alte Gebäude, welches niemand ohne Liebe, ohne Verehrung betrachten konnte, mit einem kühnen Schlag — in die Luft zu sprengen! —

Wir wollen im folgenden den Gedankengang der Hartmannschen Kritik beibehalten und lassen ihn — im Interesse der Klarheit — meist selbst das Wort ergreifen.

Da uns der Akt des Vorstellens, des Wahrnehmens blofs eine von unserm unmittelbaren Bewufstsein verbürgte Wahrheit darstellt, so ist es gerade das Problem der Erkenntnistheorie, über eine blofs subjektive Wirklichkeit hinauszukommen und zu einer objektivrealen Wirklichkeit im transcendentalen Sinn vorzudringen, in welcher wir zu den Dingen selbst, und nicht zum Abglanz ihrer Erscheinungen gelangen. Wenn Kant sagt: „Nun sind die Erscheinungen nicht Dinge an sich selbst, sondern Vorstellungen, die wiederum ihren Gegenstand haben, der von uns nicht mehr angeschaut werden kann und als nicht empirischer Gegenstand = X genannt werden mag und der reine Begriff von diesem transcendentalen Gegenstand X ist das, was in allen unsern empirischen Begriffen überhaupt Beziehung auf einen Gegenstand d. i. objektive Realität verschaffen kann", dann regt der transcendentale Realismus bereits in Kant selbst sein Haupt.

Allerdings legen wir objektive Realität nur solchen subjektiven Erscheinungen bei, welche wir und insofern wir sie, wie Hartmann sagt, auf ein vom Subjekt unabhängiges (transcendentes) etwas transcendental beziehen; aber wie kömmt gerade Kant dazu uns dies zu versichern? — Wenn er den transcendentalen Gebrauch der Kategorie der Causalität verbietet, wie darf er hinter der Erscheinung ein dieselbe bewirkendes Ding an sich vermuten und was sollen wir nun mit diesem Gedankending ($Nov\mu\epsilon\nu o\nu$), welches höchstens gedacht, aber nicht mehr angeschaut werden kann und welches der Erscheinung ($\Phi\alpha\iota\nu o\mu\epsilon\nu o\nu$) gegenübergesetzt wird, anfangen? — Es wird uns zwar von Kant versichert, dafs der Begriff des $Nov\mu\epsilon\nu o\nu$ ein Grenzbegriff sei, um die Anmafsung unserer Sinnlichkeit einzuschränken und daher nur von negativem Gebrauche sei! — Dagegen sagt aber Hartmann[1] mit vollstem Recht: „Ich dächte doch, dafs die Verleihung von objektiver Realität an die subjektive Erscheinung ein sehr positiver Gebrauch sei!" —

Wir stehen hier also vor dem ersten Rätsel der Kritik. Nicht besser ergeht es uns beim transcendentalen Subjekt. Auch der Mensch ist sich selbst blofs als Erscheinung, als Vorstellung gegeben. Um nun gleichwohl hinter dem empirischen ein transcendentales Subjekt annehmen zu können, behauptete Kant, dies damit begründen zu können, dafs die formale Einheit des Bewufstseins eine apriorische Funktion, dafs ferner die Synthesis der Apperception eine intellektuelle Funktion sei, wonach alle Wahrnehmungen, die uns in der Natur gegeben seien, stets jene Rückbeziehung auf ein

---

[1] Hartmann, Grundlegung des transcendentalen Realismus. S. 30.

sie begleitendes „dieses sind meine Wahrnehmungen!" — besäſsen.

Zugegeben, daſs beides richtig ist, so beweist es doch gar nichts für die Annahme eines transcendentalen Subjektes. Die Einheit des Bewuſstseins zeigt sich doch erst dem empirischen Bewuſstseinsinhalt gegenüber und jene Synthese, die wir bei den Wahrnehmungen vornehmen, stellt uns eine ähnliche Funktion unseres Bewuſstseins dar, wie diejenige, mit der wir ein Urteil fällen; als Funktion, Handlung, Thätigkeit des Bewuſstseins ist es aber ein zeitlicher Akt, der gänzlich in die empirische Seite fällt.

Oder wie Hartmann sagt: „Das Bewuſstsein ist kein ruhender Zustand, sondern Funktion, ein stetes Bewuſstwerden."[1]

Wird aber hinter der Funktion ein „Vermögen" vermutet, so müssen wir ja auch auf dieses die Kategorien der Ursache (Funktion), Substanz, Wirklichkeit etc. anwenden, was uns von Kant verboten wurde. Wir stehen hier also vor einem zweiten Rätsel, für das der transcendentale Realismus keine Auflösung weiſs. In dieser groſsen Verlegenheit knüpfen wir wieder an den Causalitätsbegriff an. Erwägt man, daſs bei der sinnlichen Wahrnehmung unser ursprünglichster Bewuſstseinsinhalt die Materie der Anschauung, unsere sinnliche Empfindung ist, so liegt die Frage nahe, was diese Empfindung erzeuge.

Und da ist es klar, daſs wir nicht in der Reaktion der Seele gewissen empfangenen Eindrücken gegenüber, sondern in demjenigen, was die Eindrücke hervorruft, was uns afficirt, in dem Transcendenten, die Ursache sehen müssen, daſs wir einen bewuſstseinsimmanenten Zustand (Empfindung) erhalten und daſs diejenige Causalität, welche die Wahrnehmung als Wirkung auffaſst, eine Beziehung ist, die, wie Schopenhauer zum erstenmale nachgewiesen hatte, einer jeden Erfahrung vorangeht, a priori und unbewuſst funktionirt.

„Es ist also transcendente Causalität diejenige, bei der eine gewisse Handlung eines Transcendenten notwendig eine Modifikation unserer Sinnlichkeit nach sich zieht."[2] Im Gegensatz zu dieser steht die immanente Causalität, nach welcher bloſs zwei Vorstellungen (Erscheinungen) miteinander verknüpft sind. Diese realistische

---

[1] Hartmann, Grundlegung des transcendentalen Realismus. S. 43.
[2] Ebenda S. 57.

Analyse der sinnlichen Empfindung findet sich in der ersten Auflage der Kritik der reinen Vernunft ziemlich klar ausgesprochen, als es Kant, wie Hartmann sagt, freistand, entweder der Begründer des transcendentalen Realismus, oder derjenige des transcendentalen Idealismus zu werden; indem er sich für den letztern entschied, unterdrückte er in der zweiten Auflage alle realistischen Ansätze. „Die transcendente Ursache und dasjenige transcendentale Objekt, welches ihr Vorstellungsrepräsentant in unserm Bewufstsein ist, sind also Korrelate; aber sie sind nicht identisch, das eine liegt jenseits alles Bewufstseins, das andere in demselben[1]." Kant selbst hat also als transcendentes Korrelat eines jeden auf mehr, wie auf subjektive Realität Anspruch machenden Vorstellungsobjektes (auch der Vorstellung des eigenen Leibes) „ein unabhängiges, an sich seiendes numerisch identisches Ding supponirt, welches im Stande sei, seinerseits eine Causalität auszuüben auf die innere Ursache unserer Vorstellungen." Auf den Gedanken aber, dafs, wenn das Ding an sich auf mein Ich wirken kann, dafs dann auch mein Ich auf jenes, und dafs vor allem die Dinge an sich **aufeinander wirken können**, was gerade den Hauptinhalt der allgemeinen Causalität bildet, darauf verfiel Kant nicht. „Wir wissen aber, dafs das Ding an sich wirklich existirt und wirkt, dafs auf dasselbe die Kategorien (Wirklichkeit, Dasein und Causalität) anzuwenden sind und **dafs es sich von dem Vorstellungsobjekt durch die Ununterbrochenheit seines Daseins, durch seine Unabhängigkeit vom Bewufstsein und durch seine numerische Identität den vielen Bewufstseinssphären gegenüber unterscheidet**[2]."

Mit diesen herrlichen Worten hatte Hartmann dem transcendentalen Idealismus die erste tödtliche Wunde beigebracht. Zum zweiten schildert er in nicht minder glänzender Weise, wie das von Kant postulirte Zusammenbestehen der transcendenten und immanenten Causalität ein Ding der Unmöglichkeit sei.

In der That zeigt ein schärferes Eingehen auf den Begriff der immanenten Causalität, dafs derselben gar nichts im Leben entspricht. Zu welchen Thorheiten man gelangt, wenn man mit der immanenten Causalität Ernst macht, soll nun an einer Reihe von

---

[1] Hartmann, Grundlegung des transcendentalen Realismus. S. 57.
[2] Ebenda S. 65 u. 66.

Beispielen gezeigt werden. „Wenn ich das Phänomen des Aufblitzens einer Flinte habe, folgt aus meiner Wahrnehmung, daſs ich nunmehr das Phänomen des Schusses haben werde? Gewiſs nicht, der Schuſs entspringt aus einer realen Verursachung, deren Wirkung sich in meiner Wahrnehmung als die Erscheinung des Schusses wiederspiegelt."

„Ich sehe, wie ein junger Mann und ein junges Mädchen auf der Straſse sich mit freudigen Blicken entgegeneilen. Ist nun meine Wahrnehmung dieses Vorgangs die Ursache dafür, daſs die beiden Leute zwei Minuten später vor meinen Augen eine Reihe von „transcendenten" Küssen wechseln?

Oder wollen wir nicht lieber den beiden Leuten selbst die Berechtigung zugestehen, zu existiren, sich auf der Straſse zu treffen und zu küssen?"

Es müſste doch mit allen Teufeln zugehen, wenn ich Jemandem eine Ohrfeige versetze, in Folge deren die Wange des armen Teufels anschwillt und ich ihn mit den Worten trösten würde: „Was fällt dir denn ein, zu weinen! Die Causalität ist ja blos eine Form meines und deines Denkens! — Nur für unser Bewuſstsein gilt der Satz, daſs du eine Ohrfeige erhalten hast!"

Kant stand vor der Alternative, die Kategorien als apriorische Stammbegriffe unseres Verstandes aufzufassen und sie gerade aus diesem Grunde den Dingen an sich abzusprechen, oder sie den Dingen an sich beizulegen.

Daſs aber noch eine dritte Möglichkeit vorhanden sei, daſs die Kategorie der Causalität unser unbewuſstes Postulat und nichtsdestoweniger in der Natur vorhanden, verwirklicht sein könne, daſs zwischen dem Reiche des Denkens und Seins eine volle Harmonie walten könne, darauf verfiel er nicht. Und doch liegt gerade darin die Auflösung des Rätsels; doch ist unser Causalitätsgedanke nur deshalb so zwingend wahr, weil er seine Beweiskraft aus der Geschichte des natürlichen Geschehens schöpft und Kants feines philosophisches Gefühl sträubte selbst im Anfang davor zurück, der Natur durch Denken Gesetze vorschreiben zu wollen, wenn er auch dies Gefühl allmählich überwand.

Kurz, alles zusammengenommen, es giebt bloſs eine transcendente, reale Causalität, aber keine immanente Causalität, welche zwischen Objekten unseres Bewuſstseins gelegen wäre und das groſse Thema der Naturwissenschaft bildet nicht die Causalität, die zwischen unsern Wahrnehmungen gelegen wäre und die in Wirklichkeit gar nicht existirt, sondern nur die reale Causalität zwischen den, unsern subjektiven Wahrnehmungsbildern entsprechenden und transcendental bezogenen Dingen an sich. Jede zweckbewuſste und ihren Zweck erfüllende Handlung bleibt vom Standpunkt der immanenten Causalität ein Rätsel, die kleinste mit Absicht vollzogene und von Erfolg gekrönte Handlung ist das reinste Wunder, kann sie doch in ihrem Zusammenhang mit meinen vorangegangenen, aber unfruchtbaren Wahrnehmungsbildern (Erscheinungen) nicht begriffen werden.

Das Ding an sich existirt also, es wirkt und es bedarf wie alles Wirkende eine Zeit, um seine Wirkung hervorzubringen.

Und so verwandelt sich der naive Realismus, der die Dinge einfach für das nimmt, als was sie ihm erscheinen, in den transcendentalen Realismus, nach welchem wir zwar zwischen unseren Vorstellungen und den Dingen an sich genau unterscheiden, aber doch zugeben, daſs die Dinge an sich eine von unserm Bewuſstsein unabhängige Existenz führen, daſs sie aufeinander wirken, eine Vielheit von Substanzen sind, deren Daseinszustand ein durch und durch causal bedingter, notwendiger ist.

Für das Reich der Freiheit bleibt nun freilich kein Platz mehr übrig und alle die Kategorien, deren transcendentalen Gebrauch uns Kant verboten hatte, finden auf das Ding an sich Anwendung.

Darum ist es unwahr, wenn uns Schopenhauer belehrt, daſs mit dem ersten Auge, das sich öffnete — und habe es dem kleinsten Insekt angehört — die Welt begonnen habe; **denn die Welt ist unabhängig von unserer Vorstellung, sie ist mit all ihrer realen Causalität vor uns vorhanden.**

Wohl können wir sie bloſs in der Form unserer subjektiven Wahrnehmungen erkennen, wohl müssen wir mit einer Erscheinungswelt rechnen, die nur höchst beiläufig der wirklichen entsprechen mag, müssen unsere Vorstellungen auf transcendente Ursachen, auf die Dinge an sich beziehen, von denen wir jedoch wissen, daſs sie existiren und aufeinander wirken.

Daſs wir also für eine Wirkung eine Ursache suchen müssen, ist eine logische Bedingung unseres Denkens und gilt vor aller Erfahrung; apriorisch fungirt die Causalitätsbeziehung als unser unbewuſstes Postulat und zeigt sich gleich bei der ersten Wahrnehmung, die wir als Wirkung einer transcendenten Ursache auffassen.

Was wir aber in einem konkreten Falle für die Ursache einer Wirkung halten, darüber werden wir ausschlieſslich von der Erfahrung (a posteriori) belehrt, falls es uns gelungen ist, den in der Natur gegebenen Zusammenhang zu durchdringen, indem wir dem Zwange unserer Wahrnehmungsbilder folgend, dieselben auf die Dinge an sich, die ihnen entsprechen, beziehen und von denselben das eine uns bestimmend und wirkend auf das andere vorstellen, ein subjektiver Zwang, welcher der in der Natur vorhandenen realen Causalität vollkommen entsprechen mufs, da er blofs ihre subjektive Reflexwirkung, ein Abglanz ihrer Macht ist.

In ähnlichem Sinn äufsert sich Wundt[1]: „Darum trägt das Causalprincip den doppelten Charakter eines Gesetzes und eines Postulats an sich. Thatsächlich fügt sich überall die Erfahrung demselben, sobald wir zu einer Erkenntnis der empirischen Zusammenhänge durchdrungen sind und diese Thatsache ist zugleich die wesentlichste Bürgschaft dafür, dafs zwischen unserm Denken und den Objekten der Erfahrung eine Beziehung besteht, vermöge deren die letztern ebensowohl den Normen unseres Denkens adaequat sind, wie unser Denken sich von seinen Objekten bestimmen läfst, eine Wechselwirkung, ohne welche überhaupt Erkenntnis nicht möglich wäre."

Und wir schliefsen diesen Abschnitt mit den herrlichen Worten Hartmanns[2]: „Das Bewufstsein denkt in seiner subjektiven Kategorie der Ursache dasjenige diskursiv nach, was in dem unbewufsten ideal-realen Causalprozefs intuitiv vorgedacht ist; damit es dies aber kann (und selbst das niedrigste Thier mufs dies können), damit es dazu gelangt, seine Empfindung zum erstenmale nicht blofs als das zu nehmen, was sie an sich d. h. subjektiv ist, sondern sie als Wirkung einer transcendenten Ursache aufzufassen und sie auf diese zu beziehen, dazu braucht es vor und jenseits seiner selbst einen Instinkt, der ihm die Anschauung bereits fix und fertig mit dieser transcendentalen Beziehung auf die transcendentale Ursache bekleidet überliefert.

Dieser subjektiv-instinktive Ursprung der transcendentalen Beziehung hindert aber keineswegs die Wahrheit der transcendentalen Beziehung (wie Schopenhauer glaubt); er bürgt vielmehr dafür, dafs sie keine uns zum Narren habende Illusion ist, sobald wir überhaupt zu der Erkenntnis gelangt sind, dafs die

---

[1] Wundt, Logik. S. 549.
[2] Hartmann, Transcendentaler Realismus. S. 92.

Instinkte mit ihren unbewufsten Funktionen specielle Darlegungen der absolut logischen Natur des Unbewufsten sind."

3. Wenn es Hartmann gelang, den transcendentalen Idealismus von Kant zu überwinden, so unternahm es Volkelt mit dem Empirismus Mills Abrechnung zu halten und die Beziehung, in welche die beiden Männer traten, ist in Bezug auf das Causalitätsproblem so belehrend, dafs wir uns nicht enthalten können, die vernichtenden Angriffe des transcendentalen Realismus auch dem Positivismus gegenüber eingehend zu erörtern.

Volkelt geht von dem Kantschen Grundsatz aus, dafs das Wissen der eigenen Bewufstseinsvorgänge das einzige reine Erfahrungswissen sei, dafs der Wahrnehmende sich also darin täusche, wenn er glaube, seinen Inhalt als etwas Transsubjektives zu erfahren, des Transsubjektiven als solchen unmittelbar inne zu werden.

Dagegen könne es wol sein, dafs das dem Wahrnehmungsinhalt im Transsubjektiven eine gleiche oder wenigstens teilweise ähnliche Welt entspreche.

Wenn nun meine Bewufstseinsvorgänge in diskontinuirlicher, causalitäts- und regelloser Form sich durchkreuzen, was gebe denn Urteilen, die stündlich mit der Forderung und Prätension auf Allgemeingiltigkeit, auf sachliche, objektive Notwendigkeit gefällt werden, ihre Berechtigung? Nichts anderes als der sachliche Zwang, unter welchem wir stehen, wenn wir unser Urteil fällen und der uns nötigt, ins Transsubjektive hinauszugreifen.

So sei z. B. der Sinn des Urteils, dafs zwei Erscheinungen im Verhältnis von Ursache und Wirkung stehen, der, dafs die causale Verknüpfung der Erscheinungen nicht in meinen Gedanken, sondern in ihnen selbst liege, dafs die Erscheinungen selbst aufeinander einwirken.

„Wäre der Sinn der Causalität der, dafs das Abhängigkeitsverhältnis zu zwei Erscheinungen blofs immerhin zugedacht werde, so wäre die Causalität nicht durch die Eigenart der Erscheinungen selbst gesetzt, sie würde, wie Volkelt[1] sagt, zu einer objektiv nichtssagenden Vorstellung werden. Die Causalität zweier Erscheinungen würde an der ganz zufälligen Bedingung hängen, ob ein Bewufstsein

---

[1] Volkelt, Erfahrung und Denken. S. 95 ff.

vorhanden sei, welches diese Erscheinungen wahrnimmt und den Gedanken der Causalität hinzudenkt. So postulirt denn das Bewuſstsein die Causalität im Transsubjektiven, ohne mit diesem je in Berührung kommen zu können."

Aber auch bei jedem anderen Urteil, das nicht gerade einen Causalitätsgedanken aussprechen will, werde ich nach Volkelt zum Transsubjektiven gezwungen, ins Unfahrbare hinausgenötigt; denn bei jedem Urteil werde Allgemeingiltigkeit und die Seinsgiltigkeit des Inhalts stillschweigend gefordert. Z. B. wenn ich sage: jetzt scheint die Sonne, so sage ich nach Volkelt implicite, daſs jeder, der die Sonne sehen kann, dieser Behauptung zustimmen müsse, ich postulire also eine Mehrheit von Subjektiven (Allgemeingiltigkeit) und dann treffe ich den transsubjektiven Gegenstand selbst; — es soll nach meiner Meinung eine meiner Wahrnehmung entsprechende Sonne drauſsen wirklich vorhanden sein.

Da es die transsubjektive Seinsgiltigkeit vor allem ist, gegen welche sich der Kampf der Positivisten und subjektiven Idealisten richtet, so sollen diese Philosophen es endlich einmal erklären, woher es komme, daſs zwischen den Wahrnehmungsbildern, die in den verschiedenen, gegen einander isolirten Bewuſstseinssphären bestehen, eine Gleichheit zu Stande komme? —

Soll es wunderbarer Zufall sein, wenn 1000 Leute, die in der Kirche oder in der Schule weilen, von den Worten des Predigers oder des Lehrers dieselben Vorstellungen erhalten, zu denselben Urteilen gedrängt werden, anstatt 1000 verschiedene Vorstellungen zu gewinnen? —

„Kurz bei jedem Urteile decke sich die logisch sachliche Notwendigkeit mit der Forderung eines transsubjektiven Minimums, oder jede Vorstellungsverknüpfung, zu welcher das transsubjektive Minimum hinzugefügt werde, sei von dem Bewuſstsein des sachlichen Zwangs begleitet". — —

Wenn wir bei diesem Gedankengang Volkelt's im wesentlichen nichts anderes gehört haben, als daſs die immanente Causalität ein Unding sei und daſs eine reale Causalität postulirt werden müsse, wenn er in trockener und nüchterner Weise eigentlich das Hartmannsche Thema variirt, so nehmen seine Auseinandersetzungen in dem Momente, in welchem er ausführt, wie Empiristen und transcendentale Idealisten, untreu ihrem Versprechen, bei Bewuſstseinsphänomenen und im Kreise der Erfahrung stehen zu bleiben, sich in gleicher Weise an der transsubjektiven Sphäre versündigen, auf einmal einen ungewöhnlichen Glanz der Diktion an und der Schwung und die Kraft seines Gedankengangs wird von hinreifsender Wirkung.

Die erste unglaubliche Inkonsequenz Mill's liege darin, dafs er trotz seines Versprechens, stets nur im Gebiet der Erfahrung stehen zu bleiben, im Induktionsschlufs von beobachteten auf **unbeobachtete** Thatsachen geschlossen und damit sogar die Giltigkeit der Causalität begründet habe.

Glaube Mill dann wirklich blos die Erfahrung als Erkenntnisquelle benützt zu haben? — Im weiteren Verlaufe seiner Logik stellte Mill den Satz auf, dafs es eine Anzahl **dauernder Ursachen** in der Natur gebe, die stets, und wahrscheinlich schon lange, bevor das Menschengeschlecht bestehe, gewirkt haben und rechne dazu die Sonne, Erde und die Planeten, Luft, Wasser, etc.

Welche transsubjektive Zuthaten gehören aber dazu, um aus den Wahrnehmungsbildern, die ich von der Sonnenscheibe erhalten habe, die obige Behauptung abzuleiten! Glaube Mill wirklich bei einer derartigen Behauptung in den Grenzen der Erfahrung stehen geblieben zu sein? —

Drittens, glaube Mill blofs die Erfahrung berücksichtigt zu haben, wenn er in der Überzeugung, dafs unsere bewufsten Wahrnehmungen weder kontinuirlich noch gesetzmäfsig sind, den Begriff der Wahrnehmungsmöglichkeiten einführt und behauptet, dafs die Materie das **geordnete** Ganze der Gesichts- und Tastwahrnehmungsmöglichkeiten bilde? —

In ähnlicher Weise versündigen sich nach Volkelt auch die subjektiven Idealisten an der transsubjektiven Sphäre; denn indem sie den Gedanken des a priori im Gegensatz zu den Positivisten einführen und gewisse ursprünglich geistige, überempirische Faktoren annehmen, hätten sie zwar damit vollkommen Recht, täuschen sich aber, wenn sie glauben, hierfür die Selbstbezeugung des Bewufstseins in Anspruch nehmen zu können. „Denn erstens falle das ursprünglich Geistige, insofern es dauernde ununterbrochene Anlage des Geistes sei, durchaus in das Gebiet des Unbewufstpsychischen.

Zweitens falle auch das Funktioniren der Kategorie als solches, die Thätigkeit des Verknüpfens und Ordnens aufserhalb des Bewufstseins. Wenn ich meine Gedanken ordne, dann gebe ich dem Stoffe mit Bewufstsein das Gepräge der Kategorie; dagegen bin ich der geordneten Erscheinungswelt gegenüber durchaus der unbewuſste Gesetzgeber.

Drittens. Gehe die versteckte Meinung dahin, daſs die aus der Intelligenz stammende Gesetzmäſsigkeit zu den Erscheinungen nicht bloſs hinzugedacht werde, sondern in ihnen selbst liege und walte, wodurch zum dritten Male die transsubjektive Sphäre überschritten werde." — [1]

Wir sind am Ende unserer historischen Skizze angelangt und bemerken zusammenfassend, daſs Hume dem Causalitätsbegriff die objektive Berechtigung absprechen wollte, daſs Kant denselben in der Form einer allerdings unverwertbaren immanenten Causalität restituirte, nachdem er ihre Apriorität unrichtig nachgewiesen hatte, daſs Schopenhauer zwar einen richtigen Apriroritätsbeweis gab, aber Kant's unfruchtbares Beispiel der immanenten Causalität befolgte, Mill die Sache auf einen Induktionsschluſs zurückführen wollte und daſs erst Volkelt und Hartmann uns die Berechtigung wiedergaben, mit dem Begriff einer transcendenten Kausalität im Leben zu operiren, welche das Abbild der in der Natur vorhandenen **realen Causalität** ist.

Nun erscheint uns freilich unser Begriff der Ursache, nach welchem eine Veränderung (das Eintreten oder Aufhören eines Zustandes): (ein Ereignis) durch ihre Kraft und Wirksamkeit eine zweite Veränderung (Eintreten oder Aufhören eines zweiten Zustandes): (ein zweites Ereignis): mit Notwendigkeit nach sich zieht, in einem gänzlich neuen Lichte.

Denn die Notwendigkeit der Verknüpfung gründet sich nunmehr sowohl auf die Kraft und Thätigkeit einer wirkenden Ursache, als auf die Beschaffenheit unseres die Naturphänomene begleitenden Denkens.

Wenn man leugnet, daſs zwischen A und B das Verhältnis des Bestimmen und des Bestimmtwerdens, eines realen Abhängigkeitsverhältnisses vorhanden sei, dann bleibt nur übrig anzunehmen, daſs ein absoluter Zufall oder ein reines Wunder A und B in das Verhältnis unabänderlicher Regelmäſsigkeit setze. Wenn dem A, wie der Positivismus will, B bloſs regelmäſsig **folgen** soll, so erscheint A gar nicht beteiligt an dem Erfolge. Die beiden Glieder werden dadurch isoliert und was wir als den Ausfluſs einer Kraft,

---

[1] Volkelt, Denken und Erfahrung. S. 117.

die A innewohnt, erklären können, das wird lieber zum Werk des Zufalls eines grundlosen Wunders gemacht. Der Begriff der Kraft ist also, wie Wundt bemerkt, für den Causalitätsbegriff unerläfslich; denn durch die Macht, durch die Kraft, die A in der Natur verliehen ist, erstreckt es sich nach B und bethätigt sich an demselben. Dafs wir in den seltensten Fällen bei einer gegebenen Wirkung die Ursache finden können, rührt daher, dafs es unendlich schwer ist, in den Causalzusammenhang der Natur einzudringen, da sich die Glieder der verschiedensten Causalketten fortwährend durchkreuzen und da wir die Ursachen mit Bedingungen, Naturkräften, Successionen fortwährend verwechseln.

Allein alle diese Irrtümer erschüttern unsere apriorische Ansicht nicht, dafs uns jede Wirkung die Anweisung auf eine konkrete Ursache an die Hand giebt, und dafs, wenn wir die Ursache eines Phänomens einmal festgestellt und in der Natur verwirklicht haben, dieselbe durch ihre **reale Kraft** die bereits in früheren Fällen wahrgenommene Wirkung erzeugen wird! —

Und so haben wir uns, da es uns freistand, der Zufallslehre des Empirismus das Wort zu reden, oder durch Betonung des Kraftmomentes im Ursachenbegriff Anthropomorphismus zu treiben, im Sinne des Götter bildenden Phidias lieber für den letzteren entschieden!

Zweites Kapitel.
Kritik des Causalitätsbegriffs im Rechte.

Natur und Recht sind häufig miteinander verglichen worden, doch ohne Berechtigung. Denn das Recht ist eine freie Schöpfung des Menschen, der der zwingende Beweis der Notwendigkeit gänzlich fehlt. Die Rechtsordnung ist ein Versuch, die vielgestaltigen Lebensverhältnisse in die Abbreviatur einer willkürlich gewählten Rechtssprache zu bringen und an bestimmte Thatsachen im Leben gewillkürte, ideelle Rechtswirkungen zu knüpfen, die durch den Zwang, der dem Gesetze innewohnt, in thatsächliche Wirkungen umgewandelt werden. Haben aber unsere früheren Untersuchungen ergeben, dafs in der Natur Notwendigkeit herrsche, so genügt die obige Erwägung, um zu zeigen, dafs in der Begründung des Rechtes Freiheit walte und dafs, wenn der Zusammenhang zwischen einem Ereignisse und einer Rechtsnorm gleichsam vor unseren Augen durch den Gesetzgeber selbst erst hergestellt worden ist, derselbe nicht in der Natur vorhanden sein könne. Die Natur ist ein gegebenes Rätsel, für das wir die Auflösung suchen; das Recht eine Systematik, die wir selbst ersonnen und deren Normen wir mit Zwang ausgestattet haben, um denselben eine mehr, wie ideelle Wirksamkeit zu sichern. Ist es aber der Zwang des Gesetzes, der die ideellen Rechtsfolgen eines Ereignisses in thatsächliche Wirkungen umwandelt, so eröffnet sich der rechtlichen Wirkungssphäre des Einzelnen ein weiter Spielraum. Denn wir brauchen ja, um einen bestimmten Rechtseffekt zu erreichen, nur jenes Zauberwort auszusprechen, an welches das Recht die Wirkung knüpft, und können, wie bei einem Naturgesetze, mit vollster Ruhe auf das Eintreten der Wirkung rechnen. Und so erhebt sich vor unseren Augen vor allem das Privatrecht als das Reich, in welchem der Wille selbstschöpferisch thätig wird und durch die Verwirklichung bestimmter thatsächlicher Voraussetzungen die ersehnten Rechtswirkungen heraufbeschwört. Will man diese Thätigkeit, wie es Zitelmann gethan hat, „juristische Causalität" nennen, so mag es bei diesem Ausdrucke sein Bewenden haben; mehr dürfte es sich jeeoch empfehlen, diese Bezeichnung auf den von der Rechtssystematik ausgebildeten Gedanken der Verantwortlichkeit oder der subjektiven Causalität anzuwenden, auf den Willens- oder Bewufstseinszusammenhang, welcher Handlung und Erfolg subjektiv verknüpft.

Fragen wir uns, wie oft wir dem Causalitätsproblem im Rechte begegnen, so lautet die Antwort ganz conform derjenigen, die wir im ersten Kapitel gegeben haben. Untersuchen wir nämlich, ob zwei Ereignisse miteinander causal verknüpft waren, um etwa den Ausgangspunkt für einen Schadensersatzprozefs zu gewinnen oder um festzustellen, ob ein verbrecherischer Erfolg auf die Handlung eines Menschen zurückzuführen ist, so ist dies die alte Frage nach dem Verhältnisse zwischen Ursache und Wirkung (das eigentliche Causalitätsproblem). Untersuchen wir die gesetzlichen Bestimmungen, die zur Ausgleichung eines bewirkten Schadens verpflichten, oder die gesetzlichen Definitionen der Verbrechen, so ist der in diesen Bestimmungen enthaltene Zusammenhang zwischen Handlung eines Menschen und der im Gesetze vorhergesehenen physischen (nicht rechtlichen) Wirkung die Frage nach dem Zusammenhange zwischen zwei Denkakten, nach dem logischen Erkenntnisgrunde, der diesmal in juristischer Form auftritt. Dafür aber, dafs eine bestimmte Handlung nach dem Gesetze z. B. gerade das Verbrechen des Mordes verwirklicht, dafür läfst sich gar keine Begründung geben, da es dem Gesetzgeber offenbar freistand, auch an einen anderen Thatbestand im Leben z. B. die Überschreitung der Notwehr anzuknüpfen, denselben „Mord" zu nennen und mit der Todesstrafe zu belegen.

Wir werden nun in unseren Untersuchungen über das Causalitätsproblem im Rechte die merkwürdige Wahrnehmung machen, dafs die Rechtswissenschaft, indem sie mit dem Causalitätsbegriffe operirt, in einer zweifachen Hinsicht sich an der Lehre der Philosophie versündigt hat, indem sie in ihren Anordnungen unzählige Male den Begriff der Bedingung mit dem der Ursache verwechselt, daher dem Erkenntnisgrunde nicht vollständig Genüge leistet, zum Zweiten aber ein dem Begriffe der Ursache wesentliches, ja unentbehrliches Merkmal, den unfehlbaren Eintritt der Wirkung in vielen Fällen fallen gelassen und durch den abgeschwächten Begriff der Wahrscheinlichkeit des Erfolges ersetzt hat. Wir wollen nun im Verlaufe unserer Untersuchung folgenden Weg einschlagen. Zunächst berühren wir die Lehre von der subjektiven Causalität des Rechtes und ihr Verhältnis zum objektiven Causalzusammenhange, wenden uns dann Erscheinungen zu, in welchen nur von der Wahrscheinlichkeit des Eintrittes der Wirkung gesprochen werden kann, und knüpfen dann unsere Untersuchung an die Versuche unserer hervorragenden Kriminalisten und Zivilisten an, die den Causalitätsbegriff vom strafrechtlichen und zivilrechtlichen Gesichtspunkte zu erörtern suchen. Dagegen scheiden jene gesetzlichen Bestimmungen, in denen nach unserer Ansicht Bedingung und Ursache verwechselt werden, aus dem Bereiche unserer Prüfung vorläufig aus, da dieselben unter dem Gesichtspunkte „Bewirken durch Unterlassen" eingehende Berücksichtigung finden werden.

I.

Im gemeinen Rechte und in allen modernen Zivilgesetzgebungen finden wir, daſs das Recht zwischen Handlungen, die widerrechtlich verletzend in eine fremde Rechtssphäre eingreifen, und zwischen solchen, die ohne Rücksicht auf ein besonderes Verpflichtungsverhältnis des Handelnden schon an sich widerrechtlich sind, unterscheidet und die letzteren „Delikte" genannt hat.

Bei beiden Kategorien wird aber, abgesehen davon, daſs die objektiv widerrechtliche Handlung zu dem rechtswidrigen Erfolge in einem notwendigen objektiven Zusammenhange (Causalnexus) stehen muſs, stets noch verlangt, daſs sie dem Thäter zur Schuld zugerechnet werden könne, daſs sich in seinem Willen ein Moment vorfinde, vermöge dessen er als Urheber einer Rechtsverletzung, als Bewirker eines Deliktes erscheint. Also nicht bloſs objektiv, sondern auch subjektiv muſs sich die Handlung oder Unterlassung einer bestimmten Person auf deren Willen zurückführen lassen, und dieser Willens- oder Bewuſstseinszusammenhang zwischen Handlung und Erfolg wurde von uns mit dem Ausdrucke „subjektive" oder „juristische Causalität" bezeichnet.

Nun kann menschlicher Wille, vermöge dessen dieser als Urheber einer Rechtsverletzung oder als Bewirker eines an sich rechtswidrigen Erfolges erscheint, zu diesen Wirkungen in einer zweifachen Beziehung stehen. Entweder ein Mensch begeht oder unterläſst eine Handlung in der Absicht, den widerrechtlichen, schädigenden

Erfolg oder die Rechtsverletzung zu erzeugen und bewirkt damit dieselben; es handelt sich also um bewufstes Wollen des Unrechtes (dolus). Oder ein Mensch beabsichtigt zwar nicht den widerrechtlichen Erfolg, setzt aber doch die Handlung oder Unterlassung, aus welcher dieser aller Wahrscheinlichkeit nach entspringen mufste, hat nicht die Energie des Willens oder Klarheit des Verstandes, um mit der Handlung inne zu halten, obwohl er im ersten Falle die Folgen vorhersah, im zweiten vorhersehen konnte (culpa).

Ist aber diese Unterscheidung richtig, dann ergiebt sich uns das Resultat, dafs in dem zweiten Falle, in welchem ein Mensch die Folgen einer Handlung blofs vorhersehen konnte, in der That aber nicht vorhergesehen hatte, es wohl kaum angehen dürfte, von einem „Willens"- und nicht vielmehr, wie die ältere Doktrin gethan hat, von einem „Verstandesfehler" zu sprechen. Das Recht kann seine guten Gründe haben, warum es z. B. einem einfältigen Bauern, welcher auf der Bahn fährt und in einem Tunnel das Notsignal giebt, so dafs der Zug zum Stehen gebracht wird und allgemeines Entsetzen, Verwirrung und Unglücksfälle von Personen, Beschädigungen von Sachen herbeigeführt werden, in dem gegen ihn angestrengten Schadenersatzprozesse culpa im weitesten Sinne des Wortes (dolo proxima) zur Last legt. Und nichtsdestoweniger kann von einem Willensfehler in einem Falle nicht gesprochen werden, in welchem der dumme Tropf auch nicht im Entferntesten die Folgen seiner Handlung vorhergesehen hat. Wollen und etwas bestimmtes Wollen sind uns identische Begriffe. Damit, dafs ein einfältiger Mensch an der Leine zog und das Notsignal gab, hat er zwar diese Handlung unmittelbar gewollt, aber nicht im geringsten die Folgen beabsichtigt, welche nicht einmal zu seinem Bewufstsein gelangt sind.

Vom Wollen kann immer nur die Rede sein, wenn die Richtung des Wollens sich deutlich im Intellekt abspiegelt.

In unserem Falle ist zwar, wie Sigwart treffend hervorhebt, ein Bewirken, jedoch kein Wollen vorhanden, in unserem Falle erscheint vom psychologischen Standpunkte des Wollens die menschliche Thätigkeit beinahe nur als mechanischer Durchgangspunkt der allgemeinen Naturcausalität.

Es ist daher keineswegs richtig, wenn Binding uns vom strafrechtlichen Gesichtspunkte aus versichert, dafs wir mit unseren Handlungen unbesehen alle ihre Folgen wollen, dafs wir auch dasjenige gewollt haben müssen, was wir uns nicht vorgestellt haben, weil wir überhaupt nicht anders wollen können, als dafs wir die

Folgen mit in den Kauf nehmen. Es ist eitles Bemühen, wenn er uns belehrt[1]:

„Der Wille ist durchaus nicht lediglich die Anwendung der „Fähigkeit des Menschen, causal zu werden in Verwirklichung einer „bestimmten Vorstellung, sondern die Ausübung der Fähigkeit, „überhaupt causal zu werden, d. h. eine Bewegung von solcher „Energie anzufangen, daſs sie den ihr entgegentretenden Widerstand „überwindet. **Sobald der Wille aber nichts anderes ist „als das, was den Menschen zum Urheber macht, so „versteht es sich ganz von selbst, daſs der Wille von „der Vorstellung des Wollenden unabhängig stehen „muſs. Eine Ursache wirkt nur auf die Welt, wie sie „ist, nicht wie sie sich im Kopfe des denkenden Er„zeugers der Ursache darstellt.**"

Wie treffend bemerkt dagegen Sigwart[2]:

„Nimmt man aus dem Begriffe des Wollens die Vorstellung „dessen, was gewollt wird, heraus und läſst nur das Moment der „realen Causalität stehen, so wird der psychologische Begriff des „Wollens zerstört und ein Abstraktum geschaffen, das in unserem „Bewuſstsein nirgends vorkommt; wenn ich irgendwie Ursache einer „Bewegung bin, die unabhängig von meiner Vorstellung erfolgt, so „kann darum, weil ich sie nicht verursache, **nicht gesagt „werden, daſs sie gewollt sei, sondern nur, daſs sie „durch mich geschehe.** Wenn in Folge meiner Unkenntnis „der wirklichen Lage und Beschaffenheit der Dinge, auf welche „meine Bewegung sich richtet, etwas anderes aus meiner Bewegung „hervorgeht, als ich berechnet und gewollt habe, so habe ich das „allerdings mittelbar durch meine Bewegung verursacht, aber ich „habe es nicht gewollt; und es ist kein Widerspruch, daſs ich ver„ursache, was ich nicht will, und will, was ich nicht verursache. „Darüber, was ich gewollt habe, entscheidet stets der vorgestellte „und nicht der wirkliche Erfolg. **Mein Wollen ist ganz „durch die vorgestellte Welt bestimmt, der Erfolg „meines Handelns durch die wirkliche.** Die Bestimmung „der rechtlichen Verantwortlichkeit kann ihre guten Gründe haben, „sich an den Thäter zu halten, abgesehen davon, ob er den ein„getretenen Erfolg beabsichtigte oder nicht, wenn er ihn nur als

---

[1] Binding, Normen. II. § 38. S. 111 u. 112.
[2] Sigwart, Kleine Schriften. S. 177 u. f.

„möglich voraussah; sie kann das aber nicht darauf gründen, dafs
„er das gewollt hat, was thatsächlich aus seiner Handlung hervor-
„gegangen ist, sie kann nur verlangen, dafs er jene Handlungen
„hätte unterlassen sollen, wovon er die Gefahr einer Rechtsverletzung
„befürchten mufste."

Damit ist aber dem Leichtsinne in keiner Weise das Wort geredet, da wir uns vor der Dummheit der Menschen ganz ebenso, wie vor ihrer Schlechtigkeit hüten müssen, und der Einwurf, den wir z. B. gegen Unger erheben, der culpa ganz allgemein einen „Willensfehler" nennt und sich gegen deren Auffassung als „Verstandesfehler" sträubt, ist selbstverständlich nur psychologischer Natur. Es soll damit nicht im geringsten gesagt sein, dafs der Staat nicht die Berechtigung hat, ein derartiges Individuum, wie im obigen Falle, strafrechtlich und zivilrechtlich ganz exemplarisch herzunehmen; wir wehrten uns nur dagegen, wenn man in einem solchen Falle von einem Willensfehler sprechen wollte.

Wir gelangen daher zu folgendem Resultat: **dolus und diejenige culpa, welche einem Menschen zur Last fällt, wenn er die Wirkungen einer Handlung vorhergesehen, dieselbe aber dennoch setzt, auf die Gefahr hin, die Wirkung als unwillkommenen, eventuellen Begleiter mit in den Kauf zu nehmen, sind Willensfehler; jene culpa, welche einem Menschen bei Begehung einer Handlung zur Last fällt, bei welcher er die Wirkungen seiner Handlung blofs vorhersehen konnte, in der That aber nicht vorhergesehen hat, sind auf einen Verstandesfehler zurückzuführen.**

Das Nächste, was uns besonders in die Augen fällt, ist die Teilung des Culpabegriffes in verschiedene Grade.

Müssen sich die Folgen einer Handlung einem jeden Dutzendmenschen deutlich im Geiste aufdrängen und es hat nichtsdestoweniger jemand dieselbe begangen, so spricht das Recht von einer culpa lata. Sind die Folgen einer Handlung derart, dafs sie sich zwar im Intellekte eines pflichtgetreuen, verständigen Familienvaters, aber nicht gerade im Kopfe eines jeden anderen Menschen wiederspiegeln müssen, so fällt in einem solchen Falle dem Thäter culpa levis zur Last. Handelt es sich endlich darum, die Tragweite einer Handlung zu beurteilen, vor welcher auch der verständigste, diligenteste Mensch nicht zurückgeschreckt wäre und mit welcher in einem konkreten Falle gleichwohl ganz unberechenbare

Folgen verknüpft waren, dann wird diese Handlung aus dem Bereiche der Schuldlehre verwiesen und auf Rechnung des unverantwortlichen Zufalles (casus) gesetzt, der, wofern keine bestimmte gesetzliche Vorschrift widerstreitet, dem Handelnden nicht zur Last gelegt werden darf. Das Erste, was sich bei dieser Unterscheidung uns aufdrängt, ist der Gedanke, dafs das Recht als Unterscheidungsmerkmal zwischen culpa lata und culpa levis, ferner zwischen culpa levis und casus die gröfsere, geringere oder verschwindende Klarheit bezeichnet, mit welcher sich die Wirkungen einer Handlung in der Vorstellung des Thäters abspiegeln konnten. Auch hier wird darauf Gewicht gelegt, dafs die Wirkungen einer Handlung vor Vollführung derselben nicht zum Bewufstsein des Handelnden gelangt sein mufsten, sondern mit gröfserer oder geringerer Klarheit hätten gelangen können.

Also auch diese Unterscheidung führt dahin, in der culpa einen Verstandesfehler und nur in dem Falle, in welchem der Handelnde wufste, dafs die unbeabsichtigten Wirkungen wahrscheinlich eintreten werden, von einem Willensfehler zu sprechen.

Die nächste Frage, die wir aufwerfen, lautet dahin, ob die Begriffe dolus und culpa, denen wir im Strafrechte wiederbegegnen, da ja auch zum Verbrechen ein objektiver und subjektiver Zusammenhang gehört, in Civilrecht und Strafrecht einheitlich gedacht sind, ob sie gleichsam einer allgemeinen Rechtslehre angehören. Wir glauben auf diese Frage nur bejahend antworten zu können und wollen statt aller theoretischen Begründung uns ein anschauliches Beispiel aus dem Leben wählen.

Denken wir uns den Fall, dafs zwei Freunde zusammen auf die Jagd reiten. Plötzlich entlade sich das Gewehr eines der beiden Freunde, der Schufs dringe dem anderen durch die Brust und töte noch überdies dessen Pferd. Glaubt man nun wirklich das Verschulden, welches ihn wegen fahrlässiger Tötung seines Freundes trifft und die Fahrlässigkeit, welche ihm im Schadensersatzprozesse vom Eigentümer des getöteten Pferdes zur Last gelegt wird, mit verschiedenem Mafsstab messen zu können? Dolus und culpa müssen für beide Gebiete enheitlich gedacht werden, und die Ursache, dafs die Handlung eines Menschen das eine Mal den Gegenstand einer strafrechtlichen Untersuchung, das zweite Mal den Inhalt eines Civilprozesses bildet, kann nicht in der Differenzirung seiner Willensrichtung, nicht in dem principiellen Wertunterschiede der objektivirten Handlung, nicht in einer Verschiedenheit der übertretenen Normen, sondern nur in der Verschiedenheit der Rechtssubjekte gelegen sein, die sich in ihrer Rechtssphäre verletzt fühlen. Aber gerade an dieser Stelle empfinden wir die Grenze des Privatrechtes und Strafrechtes als eine im äufsersten Grade willkürliche, und es dürfte sich kaum ein Grund dafür anführen lassen, warum z. B. in einem Falle, in welchem jemand in seinem ruhigen Besitze durch Hausfriedensbruch gestört wird, der Staat, der die Allgemeinheit repräsentirt, sich in seinen Rechten für verletzt erklärt und strafrechtlich vorgeht, und warum in einem anderen Falle, in welchem sich jemand an dem Grundstücke eines anderen eine Wegservitut gewaltsam anmafst, der Staat dem einzelnen zur Durchführung seiner Ansprüche blofs den Zivilrechtsweg offen läfst. Wo das zivile Unrecht aufhört und das Strafrecht beginnt, darüber entscheidet ausschliefslich der Takt, das Zartgefühl des Strafgesetzgebers, und nicht in der Handlung des Einzelnen, sondern in der Reaktion der Gesammtheit liegt der Grund dafür, dafs ein bestimmter Thatbestand den Inhalt eines Verbrechens verwirklicht, dafs Teile des bisherigen zivilen Unrechtes plötzlich in die Sphäre des Strafrechtes erhoben werden und dafs Teile des bisherigen Strafrechtes aus dem Bereiche der Schuld ausscheiden, um nicht etwa in ziviles Unrecht, sondern in legales, rechtmäfsiges Handeln überzugehen.

Nirgends im Rechtsgebiete drängt sich uns der Gedanke so deutlich auf, dafs der Idee des Rechtes der Gedanke der Notwendigkeit fehle, und zu unserer Genugthuung versichert auch Binding, der Vertreter der Normentheorie [1]:

„Strafbares Unrecht ist ein Unrecht, bei welchem das Delikts„moment als Quelle von Straffolgen anerkannt wird; unsträfliches „Unrecht dasjenige, bei welchem das positive Recht das Delikts„moment übersehen will. Straffähig aber ist alles Unrecht. Straf„unfähig ist seinem Wesen nach allein das sogenannte objektive „Unrecht, weil es eben Zufall und nichts weiter ist." Es ist sohin alles zivile Unrecht ahndungsfähig, und es ist blofs auf den Takt des Gesetzgebers zurückzuführen, wenn er von der Befugnis, das Zivilrecht im Strafrechte aufgehen zu lassen, einen seltenen Gebrauch macht; es ist ein Zartgefühl des Gesetzgebers, ein Akt seiner Klugheit, wenn er, bevor er sein Gesetz erläfst, die allgemeine Empfindung zu Rate zieht, dem Volke gleichsam den Puls fühlt, um symptomatisch festzustellen, ob die Handlung des Einzelnen

---

[1] Binding, Normen. S. 174.

die Gefühle der Allgemeinheit verletzt habe. So sind denn die Grenzen zwischen Privatrecht und öffentlichem Recht (Strafrecht) fliefsend und lassen sich aus dem einfachen Grunde nicht fixiren, weil sie nicht existiren und nur durch den Machtspruch des positiven Rechtes statuirt werden. Eine Eigentümlichkeit darf aber beim Strafrechte besonders hervorgehoben werden: „das Strafrecht kennt keine Differenzierung innerhalb des Culpabegriffes, nicht den Unterschied zwischen culpa levis und culpa lata, sondern nur den einheitlichen Begriff der Fahrlässigkeit".

Von seinem Standpunkte aus erscheint jedes Verschulden als culpa lata und zwar wahrscheinlich deshalb, weil wenigstens einzelne Normen des Strafrechtes sich in dem Bewufstsein der Menschen deutlicher abspiegeln als die des Zivilrechtes. Es sind gleichsam markantere Erkennungsmomente vorhanden, um einen Menschen über das Strafrechtliche seines Verhaltens aufzuklären. Das Verantwortlichkeitsgefühl ist hier ein selbstverständlicheres, durch die allgemeinen ethischen Grundsätze uns nähergerücktes, als in der Zivilrechtssphäre. Doch gilt dies freilich blofs von einem verschwindend kleinen Teil der strafrechtlichen Normen. So lange das Strafrecht wie bisher einen Wust von polizeilichen Übertretungen enthalten wird, solange wird der Gesetzgeber die Bezeugung des Gewissens für die Richtigkeit seiner Anordnungen selten in Anspruch nehmen können.

Ich frage jeden ehrenhaft denkenden Menschen, ob er sich viele Gewissensbisse daraus machen kann, mit brennenden Fackeln durch einen Ort zu fahren, oder ob der Arzt, der zu einem schwer kranken Patienten rechtzeitig gelangen will und dem Kutscher zu einem sehr raschen Tempo antreibt, eine ethisch verwerfliche Handlung begangen habe.

Wir wenden uns nun der interessanten Frage zu, ob objektiver Zusammenhang und subjektive Causalität einander immer entsprechen müssen oder ob sie unabhängig von einander zu verschiedener Zeit und in verschiedenem Umfange auftreten können, mit anderen Worten, ob die Schuld länger oder kürzer gedauert haben könne, als ihre äufsere Bethätigung, die Handlung. Sowohl in der Schadensersatzlehre des Zivilrechtes als in dem materiellen Teile des Strafrechtes wird uns nun als Grundsatz angegeben, dafs aufser der objektiven Verursachung des Erfolges jedenfalls auch ein doloser oder culposer Willens- oder Bewufstseinszusammenhang zwischen Handlung und Erfolg vorhanden sein müsse. Dieser Grundsatz des Schadensersatzrechtes, der nach Ihering zu den bekannten Worten: „Kein Ersatz ohne Verschulden; nicht der Schaden begründet die Verpflichtung zum Ersatze, sondern die Schuld," veranlassen konnte, ist in der modernen Theorie beinahe der entgegengesetzten Auffassung gewichen. Heutzutage giebt es so viele Fälle der unverschuldeten Haftung, daſs die Haftung für Verschulden nur mehr als ein bestimmtes Anwendungsgebiet des Schadensersatzrechtes gelten kann.[1]

Aber auch ein einziger Blick in das Strafrecht genügt, um die Disharmonie zwischen subjektiver Causalität und objektivem Zusammenhange nachweisen zu können. Bei jedem strafbaren Versuch, mag er nun mit tauglichen oder untauglichen Mitteln ausgeführt worden sein, bei jeder versuchten, jedoch erfolglos gebliebenen Verleitung zur Begehung eines Verbrechens beabsichtigt der physische, beziehungsweise intellektuelle Thäter weit mehr als zur Ausführung gelangt ist. Bei jeder fahrlässigen Handlung und bei jedem Verbrechen, das der österreichischen Strafrechtsterminologie zufolge mit dolus indirectus begangen wurde, muſs viel mehr bewirkt worden sein, als beabsichtigt wurde. Von einer ausnahmslosen Kongruenz zwischen objektivem Zusammenhang und subjektiver Causalität kann daher im allgemeinen gar nicht gesprochen werden, und so gewiſs es ist, daſs der Umfang der Schuld ein gröſserer oder ein kleinerer sein könne als derjenige der objektiven Verursachung, so gewiſs ist es, daſs sich die beiden Begriffe auch zeitlich von einander trennen können, daſs die Schuld lange vor, aber nicht mehr im Momente der Handlung und auch lange nach der Handlung, aber nicht schon bei Beginn derselben vorhanden gewesen sein könne und daſs nichtsdestoweniger der verbrecherische Erfolg dem Thäter zugerechnet werde. Denken wir uns, daſs ein Förster, um sich in einem ziemlich isolirten Häuschen im Walde vor diebischen oder gar räuberischen Angriffen zu schützen, auf einem entlegenen Teile seines Waldrayons einen Selbstschuſs gelegt habe, d. h. einen Apparat, der sich bei der leisesten Berührung von selbst entlade. Jahre vergehen, ohne daſs der Förster je in seinem ruhigen Besitze gestört worden wäre;

---

[1] Pfaff, Randa, Strohal, Zur Lehre vom Schadensersatz und Genugthuung nach österreichischem Rechte. — Unger, Handeln auf eigene Gefahr. — Steinbach, Grundsätze des heutigen Rechtes über den Ersatz von Vermögensschäden. — Mataja, Recht des Schadenersatzes vom Standpunkte der Nationalökonomie. — Pfaff u. Unger, Über Schadensersatz, in Grünhuts Zeitschrift, Bd. 8.

einmal aber, als er gerade verreist ist, benütze ein Wilddieb die Gelegenheit, um das Häuschen zu plündern. Er passire die Stelle des Selbstschusses, berühre den Apparat, dessen Wirkungen er nicht kennt, und sofort dringe ihm das tödtliche Geschofs in die Brust.

Der Förster, der nach einiger Zeit nach Hause kehrt, findet den toten Gast auf seinem Walde. Kann man in einem solchen Falle zweifeln, dafs, trotzdem im Momente der That keine dolose Schuld vorhanden ist, da der Förster von diesem Vorgange gar kein Bewufstsein hat und daher bei der penibelsten Auffassung in diesem Momente sich blofs der culpa schuldig macht, man nichtsdestoweniger vom vollbrachten Verbrechen des Mordes sprechen müfste? Kann der dolus, wofern er überhaupt gefafst ist, nicht seinen Schlagschatten bis zu jenem Momente vorauswerfen, in welchem die objektive Verursachung des Verbrechens nachfolgt? — Und umgekehrt. Denken wir uns, dafs jemand aus Versehen einen Menschen in einem Zimmer eingeschlossen habe, indem er den Schlüssel im Schlosse umgedreht und in der Tasche verwahrt habe. Am Wege bemerke er seinen Verstofs und wolle sofort umkehren, um den Internirten aus seiner qualvollen Situation zu befreien. Plötzlich ändere er den Entschlufs und überlasse aus feindseligen Gründen, die uns weiter nichts interessiren, die Befreiung des Internirten dem Zufalle. Hier verwandelt sich plötzlich rechtmäfsig und bei rigoroser Beurteilung fahrlässig begonnenes Handeln in das dolose Verbrechen der Einschränkung persönlicher Freiheit. Wollen wir nicht annehmen, dafs der dolus nach rückwärts wirkend, dem unerlaubten oder fahrlässig begonnenen Handeln den verbrecherischen Charakter verleihen könne? Kurz, subjektive Causalität und objektiver Zusammenhang brauchen weder im Umfange einander zu entsprechen, noch zeitlich zusammenzufallen, und der Grundsatz des Strafrechtes, nach welchem die beiden Begriffe stets harmoniren sollen, bildet eine von einer Unzahl von Ausnahmen durchbrochene Regel.

II.

Das Strafrecht steht wie jede praktische Wissenschaft auf dem Standpunkte des naiven Realismus. Es läfst den Menschen für dasjenige büfsen, was er scheinbar objektiv real verursacht hat. Ob die Handlung nun bei rigoroser Beobachtung sich blofs als ein vom Standpunkte der Philosophie unzureichender Causalitätsfaktor (Bedingung) oder als Teilursache eines konkreten Erfolges zeigt, dies bleibt sich für das Strafrecht gleich. Seinen Anforderungen genügt es, wenn die menschliche Handlung, die nie isolirt wirkt, sich unter einem Komplex von zusammentreffenden oder nach einander wirkenden Faktoren vorfindet und ihnen fördernd jene Richtung gab, welche für den Eintritt des Erfolges mafsgebend geworden ist, ja wenn sie ihre Wirksamkeit nach dieser Richtung hin auch nur sicherte, steigerte oder doch beschleunigte [1]. Wie alle Wissenschaften, die dem naiven Realismus huldigen, hält sich die Strafrechtswissenschaft also für berechtigt, zwei sinnfällige Erscheinungen, Handlung und Erfolg, mit einander nach dem Verhältnisse von Ursache und Wirkung zu verknüpfen.

Je mehr aber das Kulturleben fortschreitet, um so gröfser wird der Komplex der strafbaren Handlungen. Bald gesellen sich zu den sinnfälligen Störungen der Rechtsordnung auch ideale Verletzungen, bald weicht die objektiv sichtbare Grenzverrückung fremder Rechte einer Reihe von Rechtsverletzungen, die einen ausgesprochen subjektiven Charakter an sich tragen. Das Strafrecht schützt dann nicht blofs unsere vitalsten Interessen, wie die Unversehrtheit unseres Lebens oder die Integrität unseres Eigentums, sondern wahrt auch ideale Güter, wie die Unbescholtenheit unserer Ehre und die Freiheit unserer Empfindungen (Verbrechen der gefährlichen Drohung) oder die Freiheit der Motive unserer Willensentschlüsse (Verbrechen des Betruges und der Erpressung). Damit war vom Rechte ein gefährlicher Boden betreten. Denn wir stehen nun vor dem Rätsel der psychischen Einwirkung, vor der Annahme, dafs es einem Menschen möglich sei, durch seine Handlungen im Gemütsleben eines anderen Gefühle (Furcht, Ehrenkränkung) oder gar Motive zum Handeln (Furcht und Irrtum) mit Notwendigkeit zu erzeugen. Glaser, der ein jedes tiefere Problem des Strafrechtes mit dem Lichte seines klaren Geistes beleuchtete, ist auch die Bedeutung dieser Frage nicht entgangen. Leider hat er sie nicht vom Standpunkte der logischen oder psychologischen Möglichkeit, sondern von dem Gesichtspunkte der strafrechtlichen Zweckmäfsigkeit erörtert, und kommt zu folgendem Resultate [2]: „Soll die „Drohung als solche ohne Rücksicht auf das, was mittelst ihrer „angestrebt wird, als Verbrechen behandelt werden, so wird in ihr „immer nebst der Ankündigung der bevorstehenden Verletzung noch

---

[1] Entscheidung des österreichischen Kassationshofes vom 22. November 1878. Z. 10695.
[2] Glaser, Strafbare Drohungen. S. 22. 23.

„etwas anderes liegen müssen, wodurch sie, indem sie ein privates
„Recht bedroht, den öffentlichen Rechtszustand unmittelbar stört.
„Dies ist aber dann der Fall, wenn die Umstände, unter denen
„sie erfolgt, geeignet sind, die Meinung zu verbreiten, dafs der
„Drohende so ganz aufserhalb des Bereiches der öffentlichen Gewalt
„steht, dafs die letztere ungeachtet der vorausgegangenen Warnung
„nicht im Stande ist, dem Verbrechen mit Erfolg sich entgegenzu-
„stellen; dadurch mufs notwendig jenes Vertrauen in die Stetigkeit
„der obrigkeitlichen Gewalt, in der Unerschütterlichkeit der öffent-
„lichen Rechtsordnung verloren gehen, welches doch vorzugsweise
„es ist, was den Einzelnen bestimmt, sich der letzteren zu fügen.
„**Als selbständiges Verbrechen wird also die Drohung
„nur dann behandelt werden können, wenn sie ent-
„weder einem Eingriff in die Rechte eines Privaten
„den Weg bahnen soll oder wenn in ihr eine Störung
„des öffentlichen Friedens zu erkennen ist.**"

Mit dieser Argumentation hat Glaser uns für die Bestrafung
der gefährlichen Drohung eine geistreiche Begründung gegeben.
Seine Argumentation trifft beim Verbrechen der Erpressung, begangen durch Drohung, zweifellos dann zu, wenn die psychologischen
Prämissen vorhanden sind, wenn es jemandem möglich ist, durch
seine Drohung einen Menschen derart in Furcht oder Unruhe zu
versetzen, dafs die Besorgnis vor dem angedrohten Übel zum all-
einigen notwendigen Motive seines Entschlusses wird.

Allein hier stehen wir ja gerade vor der ungelösten psychologischen Vorfrage. Ist es denn wirklich einem Menschen möglich,
durch Drohung einen anderen derart zu beeinflussen, dafs Furcht
den letzteren widerstandslos zur Handlung bestimmt? Rechtzeitig
erinnern wir uns unserer früheren Auffassung, dafs Motiv und
Charakter zusammen den Akt des Wollens bestimmen und dafs
wir in einem solchen Falle gewifs von der Wirkung zweier Teilursachen sprechen müssen. Erst wenn die Seele eines Menschen
so beschaffen ist, dafs sie auf die gefährliche Drohung mit äufserster
Intensität reagirt, erst dann kann die hiedurch entstandene Angst
und Unruhe zum Motive eines Willensentschlusses werden, zur Begehung einer unwillkommenen Handlung oder Unterlassung führen.

Objektive Kriterien für den Begriff der gefährlichen Drohung
anzugeben, ist eitles Bemühen einer Strafgesetzgebung. Alle Merkmale zusammengenommen werden nicht genügen, um dem Wechsel
der Individualitäten und der durch ihn bedingten Verschiedenheit

der Erscheinungen gerecht zu werden. Würde ein Gesetz, wie z. B. das österreichische[1] durch eine Reihe von Merkmalen die Wirkung der gefährlichen Drohung in möglichst objektiver Weise zu begründen suchen, dann würde dieser Versuch angesichts einiger Helden, die sich vor nichts im Leben, und angesichts einiger zaghafter Frauenspersonen, die sich vor allem im Leben fürchten, sofort scheitern und als mißlungen bezeichnet werden müssen. Darum äußert sich der österreichische Kassationshof hierüber in folgender Weise[2]: „Über den Inhalt einer Drohung entscheidet der Wortlaut derselben „allein. Ihrer symbolischen Natur gemäß kommt es darauf an, „welche Bedeutung der Drohende in die Drohung legte und welche „Bedeutung ihr vom Bedrohten beigemessen werden mußte. Ihre „Auffassung und Würdigung ist eine unbedingt individuelle." Dann darf aber die Sprache des österreichischen Strafgesetzbuches und des Entwurfes nicht so decidirt und positiv lauten, wie es thatsächlich der Fall ist, und wir würden z. B. beim Verbrechen der Erpressung folgenden Wortlaut vorschlagen: „Wer jemanden durch Anwendung von Gewalt zu einer „Handlung, „Duldung oder Unterlassung zwingt oder durch Androhung von „Gewalt oder durch Bedrohung mit Zufügung von Nachteilen „zu einer Handlung, Duldung oder Unterlassung zu zwingen „sucht, um dadurch sich oder einen andern einen rechts- „widrigen Vermögensvorteil zu verschaffen, begeht das Verbrechen „der Erpressung". Kurz, in einem Falle, in welchem die Drohung als Motiv nur dann wirkt, wenn sie den empfänglichen psychischen Boden gefunden hat, geht es eben nicht an, das Resultat zweier so verschiedener Faktoren bloß auf die Kraft einer einzelnen Teilursache zu beziehen, und wir kommen deßhalb zu dem Ergebnis, **daß das Strafgesetz, um psychologisch richtig vorzugehen, bei allen Verbrechen, bei welchen durch die Handlung eines Menschen ein psychischer Effekt in der Seele eines andern entstehen soll, von der Notwendigkeit der Wirkung gänzlich abstrahiren müsse und nur von der Wahrscheinlichkeit des Erfolges sprechen könne.**

Zu genau denselben Erwägungen gelangen wir auch bei der psychologischen Analyse des Betruges. Auch in dem Falle, in

---

[1] § 98 St. G.
[2] Entscheidung vom 13. Juni 1881. Z. 4310.

welchem durch listige Vorspiegelungen eines Menschen ein anderer in Irrtum geführt wird, durch welchen dieser zur Begehung einer ihn schädigenden Handlung genötigt wird, rechnet das Strafrecht mit psychologisch selbstverständlichen Voraussetzungen, welche nichtsweniger als selbstverständlich sind. Auch in diesem Falle bleibt die Frage offen, ob der durch List erzeugte Irrtum des Beschädigten alleiniges, ausschließliches Motiv seines Willensentschlusses, oder ob er nicht vielmehr durch die Kooperation zweier sehr verschiedener Faktoren, durch die Macht des ihm aufgenötigten Motives, aber auch durch die Bethätigung seines eigenen Denkvermögens und Charakters zur Entstehung gelange.

Die Macht einer dem Bewußstsein sich aufdrängenden Vorstellung mag eine noch so große sein, sie hebt dennoch die Spontaneität unseres Denkens und die Autonomie unserer Willensentscheidungen nicht gänzlich auf. Hier gilt wie anderwärts der Satz: „Unsere Willensentschlüsse sind Produkt von Motiv und Charakter." Wie weit aber der Beschädigte aus eigener Initiative sich entschlossen und wie weit ihn die irrige Vorstellung hiezu bestimmt habe, das läßt sich im allgemeinen gar nicht beantworten. Will man für das Verbrechen des Betruges daher objektive Kriterien angeben, dann kommt man zu der frappirenden Konsequenz, daß der Beschädigte im Strafprozesse die Erklärung abgeben könne, er sei durch die listigen Vorspiegelungen des Angeklagten zu der Begehung der schädigenden Handlung veranlaßt worden und daß der Richter, nach freien Grundsätzen urteilend, nichtsdestoweniger die Überzeugung gewinnen könne, daß die Handlung des Angeklagten zur Irreführung nicht geeignet gewesen und derselbe demnach freizusprechen sei.

Umgekehrt könnte bei einer Anklage wegen versuchten Betruges der Privatbeteiligte in der Verhandlung ausdrücklich erklären, die List des Angeklagten sei ein plumpes Spiel gewesen, das er sofort durchschaut und welches ihn nimmermehr zum Abschlusse des Vertrages bestimmt hätte, und nichtsdestoweniger könnte der Angeklagte von dem erkennenden Gerichte des Verbrechens des versuchten Betruges schuldig gesprochen werden, weil die objektiven Momente des Thatbestandes nach der Auffassung der erkennenden Richter vorhanden sind.

Wollen wir daher nicht den Grundsätzen der Psychologie in der Strafrechtswissenschaft direkt vor den Kopf stoßen, dann bleibt nichts übrig, als beim Verbrechen der gefährlichen Drohung, Erpressung und des Betruges, von der Notwendigkeit der Wirkung gänzlich abzusehen und sich mit der Wahrscheinlichkeit des Erfolges zu begnügen. Das Verbrechen des Betruges wäre daher etwa in dieser Weise zu definiren, dafs jeder, der durch listige Vorspiegelung einen andern **in Irrtum zu führen versucht**, durch welchen jemand, sei es der Staat, eine Gemeinde oder eine andere Person an seinem Eigentum oder anderen Rechten Schaden leiden soll, das Verbrechen des Betruges begehe[1].

Hiemit wären Versuch und Vollendung des Verbrechens allerdings konfundirt. Es wäre aber ein Merkmal in die Verbaldefinition aufgenommen, welchem die Verhältnisse des gewöhnlichen Lebens vollkommen entsprechen können, während die bisherige Auffassung, nach welcher durch die List eines Menschen ein Irrtum in der Seele eines anderen „herbeigeführt wird", also notwendig entsteht, der Psychologie Gewalt anthut, die genauer und rigoroser wie das Strafrecht nicht mit einem, sondern mit zwei Faktoren, mit Motiv und Selbstbethätigung des Denkens rechnet.

Zu diesen Erwägungen, dafs menschliches Handeln für einen Erfolg zur Verantwortung gezogen wird, welcher nur durch das Zusammenwirken mehrerer Teilursachen entstehen konnte, gelangt man auch, wenn man den Causalzusammenhang bei dem Verbrechen des Mordes, Todtschlags und der schweren körperlichen Beschädigung im österreichischen Strafgesetzbuche vom Jahre 1852 einer Kritik unterzieht.

Die österreichische Terminologie rechnet bei dem Verbrechen des Mordes mit einem interessanten Merkmal, welches der Lehre vom strengen Causalzusammenhange, nach welchem die Ursache die Wirkung mit Notwendigkeit nach sich zieht, direkt widerspricht. Die Definition lautet: „Wer gegen einen Menschen in der Absicht, ihn zu tödten, auf eine solche Art handelt, dafs daraus dessen oder eines anderen Menschen Tod erfolgt, macht sich des Verbrechens des Mordes schuldig, wenn auch dieser Erfolg nur vermöge der persönlichen Beschaffenheit des Verletzten oder blofs vermöge der zufälligen Umstände, unter welchen die Handlung verübt wurde, oder nur **vermöge der zufällig hinzugekommenen Zwischenursachen eingetreten ist, insofern diese letzteren durch die Handlung selbst veranlafst wurden**".

---

[1] Der Fall, in welchem der bereits vorhandene Irrtum eines Menschen von jemandem andern listig benützt wird, gehört natürlich nicht in den Kreis dieser Betrachtungen.

Giebt nun aber das Gesetz selbst zu, dafs in einem konkreten Falle der Tod eines Menschen nur vermöge zufällig hinzugekommener Zwischenursachen eingetreten sei, dann räumt es damit eo ipso ein, dafs die vorangegangene Handlung ein unzureichender Causalitätsfaktor gewesen, der höchstens als Bedingung, jedoch nicht als Ursache des Erfolges betrachtet werden darf. So kann ein mit kräftiger Hand geführter Dolchstich Ursache einer schweren Verwundung sein und kann nichts destoweniger blofs als unzureichende Bedingung für den Eintritt des Todes gelten, wenn es feststeht, dafs dieser nur durch den Mangel an ärztlicher Hilfe, durch Unterlassung des kunstgerechten Verbandes der an sich nicht lebensgefährlichen Wunde, bezw. durch weitere Veränderungen, die der Organismus infolge dieser Vernachlässigung erfuhr, eingetreten ist. Während wir also bei dem Verbrechen des Betruges und der Erpressung zu dem Resultate gekommen sind, dafs wenigstens zwei gleichzeitig wirkende Teilursachen (Motiv und Selbstbethätigung des Denkens oder Autonomie des Wollens) notwendig sind, um zusammen den Erfolg zu erzeugen, kommen wir bei dem Verbrechen des Mordes zu dem Resultate, dafs wir in einem Falle, in welchem der Tod nur vermöge der zufällig hinzugekommenen Zwischenursachen eingetreten ist, von nacheinander wirkenden Veränderungen sprechen müssen, von denen aber eigentlich blofs die letzte, die von menschlicher Handlung bereits gänzlich unabhängig ist, zu dem Endresultate führte, und dafs daher die menschliche Handlung in diesem Falle blofs als Bedingung, jedoch nicht mehr als Ursache des Erfolges erscheint.

Konform dieser Ansicht äufsert sich der österreichische oberste Gerichtshof in dem Urteile vom 4. März 1882 Z. 13136: „Die Ursachenqualität gehe für ein Ereignis nicht deshalb verloren, weil mit dem Erfolge auch noch irgend ein anderes demselben gleichfalls vorangegangenes Ereignis durch das Band der Causalität verknüpft ist. Es genügt daher zur Zurechnung, wenn das schuldbare Handeln auch nur eine der verschiedenen Erfolgsursachen hergestellt hat." Allein es ist klar, dafs man in dem obigen Falle, in welchem jemand einer Person eine schwere Verletzung zufügt, welche nur durch die Unterlassung eines kunstgerechten Verbandes tödtlich verlaufen ist, von einer Erzeugung einer „Erfolgsursache" noch gar nicht sprechen kann. Dafs man aber, wenn man einmal das Princip acceptirt hat, jemanden für einen Erfolg zur Verantwortung zu ziehen, für dessen Zustandekommen seine Handlung blofs im

Vereine mit anderen Teilursachen beigetragen, oder für welchen sich diese gar blofs als Bedingung darstellt, die strenge Causalitätsfrage mit dem Begriffe der Verantwortlichkeit, welche höchstens auf ethischen Zweckmäfsigkeitsgründen beruht, gänzlich verwechselt habe, das geht deutlich aus der Entscheidung vom 10. Februar 1882 Z. 12124 des österreichischen Kassationshofes hervor, nach welcher den Thäter sogar die Folgen fehlerhafter Behandlung der von ihm herbeigeführten Verletzung treffen. Welch sonderbare Zumuthung wird uns hier gestellt, wenn wir die Frage, ob ein Mensch einen anderen gemordet habe, von der Untersuchung abhängig machen sollen, ob der behandelnde Arzt ein Künstler oder ein Stümper gewesen! Deshalb irrt Glaser, wenn er uns sagt[1]:

„Soll der Thatbestand eines Verbrechens gegeben sein, so mufs sich zeigen, dafs der zum Begriffe desselben gehörige Erfolg zur Thätigkeit eines bestimmten Menschen im Verhältnisse der Wirkung zur Ursache steht.

Das Verhältnis von Wirkung und Ursache ist an sich betrachtet kein Verhältnis der Notwendigkeit (sic!).

Weder in dem Sinne, dafs nur das als Wirkung gilt, was unvermeidlich aus dem gegebenen Anstofs entstehen mufste, noch in dem Sinne, dafs man nur das als Ursache gelten läfst, was allein im Stande gewesen wäre, jenen Erfolg ins Leben zu rufen." — — So richtig diese Worte in strafrechtlicher Beziehung gedacht sind, so falsch sind sie, wenn sie auf ihre philosophische Wahrheit hin geprüft werden; denn wir wissen bereits zur Genüge, dafs Ursachen unter der Voraussetzung sämmtlicher Bedingungen ihre Wirkungen mit Notwendigkeit erzeugen müssen, dafs der Erfolg daher allerdings ein unvermeidlicher ist. Aber noch mehr! Erwägt man, dafs der stolze Ausdruck: „menschliches Handeln" im Leben auf eine kleine Muskelkontraktion, auf einen Innervationsprozefs hinausläuft, zu welchem eine Unzahl von anderen natürlichen Ursachen hinzutreten mufs, damit eine bestimmte Veränderung in der Aufsenwelt, d. h. ein konkreter verbrecherischer Erfolg verwirklicht werde, dann kommt man mit Notwendigkeit zu dem Resultat, dafs das Strafrecht in Bezug auf die Wirksamkeit menschlicher Handlungen eigentlich immer nur von der Wahrscheinlichkeit der Wirkung sprechen könne und von dem Requisite der Notwendigkeit gänzlich absehen müsse. Dieser philosophisch ungenügende Standpunkt,

---

[1] Strafbare Unterlassungen. § 297.

nach welchem ein Mensch für eine Wirkung zur Verantwortung gezogen wird, welche er nur vereint mit anderen Teilursachen erzeugen konnte, ist vom strafrechtlich ethischen Gesichtspunkte vollkommen gerechtfertigt, und wir werden im weiteren Verlaufe unserer Untersuchung sehen, dafs selbst eine Verwechslung von Ursache und Bedingung vollkommen zulässig ist. Denn es ist uns offenbar vom sittlichen Standpunkte vollkommen gleich, ob jemand einen andern niedersticht oder ob er eine Warnungstafel auf einer baufälligen Brücke beseitigt, damit die Passanten ins Wasser stürzen sollen; wir empfinden es offenbar als dieselbe Frevelthat, wenn jemand in ruchloser Weise Steine auf das Bahngeleise legt oder wenn der Zugführer weiterfährt, obwohl er die Störung wahrgenommen hat; wir reagiren in gleicher Weise dagegen, wenn die Mutter ihr Kind im Momente der Geburt mit Polstern erstickt, oder wenn sie das hilflose Wesen durch den Mangel einer jeden Nahrung verschmachten läfst. Dafs in allen Fällen gänzlicher Passivität (strafloser Unterlassung) keine Causalität, sondern blofs das Bedingungsverhältnis im Leben verwirklicht erscheine, das werden wir allen kriminalistischen Erklärungen zum Trotz, die bisher darüber gelehrt wurden und noch weiter gelehrt werden dürften, in unserem dritten Kapitel bis zur Evidenz erweisen.

Aber nichtsdestoweniger empfinden wir auch diese Verwechslung zwischen Ursache und Bedingung im Gebiete des Strafrechts als etwas durchaus nicht anormales oder widersinniges. Denn das Recht wird nicht von dem Gedanken der logischen, sondern höchstens von der Idee einer ethischen oder volkswirtschaftlichen Notwendigkeit beherrscht, und die Fragen: „Was haben wir verursacht?" und „wofür werden wir zur Verantwortung gezogen?" sind zwei unendlich verschiedene Fragen, von denen die erstere von der Philosophie nach den Gesetzen der Logik in zwingend wahrer, die zweite von der Strafrechtswissenschaft nach ethischen Zweckmäfsigkeitsgründen und darum ziemlich willkürlich beantwortet wird.

III.

Da der objektive Zusammenhang im Rechte eine bedeutende Rolle spielt, dürfen wir uns nicht wundern, wenn auch die meisten hervorragenden Kriminalisten gleich den Philosophen mit dem Causalitätsproblem sich eingehend beschäftigt und eine Reihe von Definitionen aufgestellt haben, welche auf spekulativem Wege gewonnen, gleichwohl eine praktische Nutzanwendung gestatten sollen.

Wenn der Naturforscher bei seinem Experimente ein bestimmtes Phänomen erkennen will, an dessen Realität er von vornherein glaubt, dessen Wahrheit für ihn vor seiner Beobachtung bereits feststeht, dann ist er weit von jener Ruhe entfernt, welche ihn allein zu objektivem Forschen befähigt. Möglich, dafs die Juristen, indem sie in ihren Untersuchungen über das Problem der Causalität sich von ihren praktischen Erwägungen für das Recht leiten liefsen, darüber zu schlechten Philosophen wurden und Begriffe gewannen, welche ihren teleologischen Ursprung deutlich an der Stirne tragen und daher den Anforderungen der Erkenntnistheorie in keiner Weise genügen.

Wir bemerkten schon an einer früheren Stelle bei Glaser, wie ihn die ganz richtige Erwägung, dafs das Strafrecht von der Notwendigkeit der Wirkung absehen müsse, zu der gänzlich falschen Folgerung führen konnte, dafs das Verhältnis zwischen Ursache und Wirkung überhaupt kein unvermeidliches sei!

Wir werden nun auch gewahren, wie eine ganze Reihe hervorragender Strafrechtslehrer nur getrübte Wahrheit finden konnte aus dem einfachen Grunde, weil sie tendenziös forschen. Aus dem grofsen Kreise der einschlägigen Untersuchungen sollen nun blofs die Lehren von Bar, Buri, Lammasch, Binding und Birkmeyer ihre Erörterung finden.

1. Ludwig von Bar hat hauptsächlich in zwei Arbeiten[1] seine Ansichten über den Kausalzusammenhang im Rechte entwickelt. Er geht von dem richtigen Gesichtspunkte aus, dafs die Mill'sche Auffassung, nach welcher es willkürlich ist, eine einzelne Bedingung aus einem Komplexe von Coantecedentien als Ursache herauszuheben, für das Recht unbrauchbar sei; er hat auch die richtige Erkenntnis, dafs die Mill'sche Gleichstellung von Ursachen und Bedingungen für die Philosophie und Naturwissenschaft übereilt sein dürfte, da es doch nicht gleichgiltig sein könne, Ereignisse, (Veränderungen) und dauernden Zuständen ganz dieselbe Bedeutung in Bezug auf das Zustandekommen des Erfolges beizulegen. Von dem richtigen Princip geleitet, ein abgrenzendes Merkmal zwischen Ursache und Bedingung zu suchen, glaubt Bar es in dem Satze gefunden zu haben, **dafs ein Mensch im rechtlichen Sinne Ursache**

---

[1] „Die Lehre vom Causalzusammenhange im Rechte, besonders im Strafrechte" (Leipzig 1871); ferner „Die Lehre von der culpa und dem Causalzusammenhange im Straf- und Zivilrechte, insbesondere von der Haftung des Schuldners für Handlungen anderer" in Grünhuts Zeitschrift, Band 9.

einer Erscheinung sei, insofern er als die Bedingung gedacht werde, durch welche der sonst als regelmäfsig gedachte Verlauf der Erscheinungen des menschlichen Lebens ein anderer werde — oder strafrechtlich ausgedrückt: „Ursache eines verbrecherischen Erfolges ist die menschliche Thätigkeit dann, wenn sie in die sonst regelmäfsig verlaufende Causalität in einer gegen die Regel des Lebens verstofsenden Weise eingegriffen und so den causalen Verlauf geändert hat". Diese Definition wurde von allen Seiten — und mit vollstem Rechte — angegriffen, denn sie enthält die verschiedensten Fehler.

Zuerst wandte Buri mit Recht ein, dafs Bar den Begriff der objektiven Ursache mit dem subjektiven Begriffe der strafrechtlichen Verantwortlichkeit vollständig verwechselt habe und dafs nach Bar nur widerrechtliche, aber keine gesetzmäfsigen Erscheinungen verursacht werden können. So begehe jemand, der einen anderen in gerechter Notwehr tödte, gewifs eine der Regel des Lebens entsprechende Handlung. Aber es könne doch Niemandem, wie Bar, einfallen, zu behaupten, dafs er den Tod des andern nicht verursacht habe.

Ferner hebt Buri sehr richtig hervor, dafs der Ausdruck „der als regelmäfsig gedachte Verlauf der Erscheinungen" eine subjektive oder objektive Bedeutung haben könne. Meine Bar darunter dasjenige, was allgemein als regelmäfsig erkannt wird, so sei es gerade das Charakteristische des objektiven Zusammenhanges, dafs er unabhängig von menschlicher Auffassung und Erwartung in einer ganz anderen Weise zu Tage treten könne und dafs eine derartige subjektive Auffassung gänzlich unbrauchbar und wertlos sei. Wenn Bar aber hiermit das wirklich objektive Verhältnis zwischen zwei Erscheinungen gemeint habe, dann werde man menschlichen Handlungen wohl kaum den Charakter einer Unregelmäfsigkeit beilegen können, weil es in der Natur überhaupt keine Unregelmäfsigkeiten giebt. So gelangt Buri zu dem ganz richtigen Schlusse, dafs ein Mensch nicht schon dann Ursache sei, wenn er nur als Bedingung eines Erfolges gedacht werde, sondern erst dann, wenn sich seine Handlung thatsächlich als wirksam für den Erfolg erwiesen habe, dafs man daher einen Causalzusammenhang, die Verkettung von Thatsachen nie juristisch oder moralisch untersuchen könne. Kurz, Bar's Auffassung, welche subjektive Verantwortung und objektiven Zusammenhang konfundirte, ist wohl als mifslungen aufzufassen, und wir könnten noch eine Reihe von anderen Fehlern aufdecken, die sich in seine Definition eingeschlichen hatten, wie etwa, daſs, wenn er menschliche Thätigkeit als Ursache eines Erfolges betrachtet, nicht nur durch diese, sondern auch durch das Wegfallen einer anderen natürlichen Bedingung der Zusammenhang ein anderer werde, daſs es ferner zwar richtig sei, daſs eine Handlung den Verlauf der Erscheinungen alteriren könne, daſs aber damit doch keine Definition für den Begriff der Ursache gegeben sei, welche nicht den Hinweis auf eine weggefallene, sondern eine Beziehung auf eine mit Notwendigkeit eingetretene Wirkung enthalten müsse.

2. Auch seinem Gegner Buri, der in seinen Ausführungen so richtig auf die Trennung der Schuldfrage von der Verursachungsfrage dringt, ist es nicht gelungen, für die letztere eine befriedigende Antwort zu finden. Buri, ein Anhänger John Stuart Mill's beginnt seine Erörterungen mit den bedeutungsvollen Worten[1]:

„Unter causalem Zusammenhange wird man wohl den Prozeſs der Entstehung einer Erscheinung begreifen dürfen. Will man den causalen Zusammenhang einer konkreten Erscheinung ermitteln, so muſs man in geordneter Reihenfolge sämmtliche Kräfte feststellen, welche für die Entstehung einer Erscheinung **irgend eine Wirksamkeit** geäuſsert haben. **Die ganze Summe dieser Kräfte ist dann als die Ursache dieser Erscheinung anzusehen.** Mit demselben Rechte läſst sich aber auch jede einzelne dieser Kräfte für sich allein schon als die Ursache der Erscheinung betrachten, denn die Existenz derselben hängt so sehr von jeder einzelnen Kraft ab, daſs, wenn man aus dem causalen Zusammenhange auch nur eine einzige einzelne Kraft ausscheidet, die Erscheinung selbst zusammenfällt. Es verleiht daher jede einzelne Kraft der, wenn man von ihr absieht, todten Masse aller übrigen Lebenskräfte erst die Lebenskraft, es macht jede einzelne Kraft alle übrigen kausal."

Gegen diese Auffassung gilt alles, was wir gegen die Gleichstellung von Ursache und Bedingung bereits hervorgebracht haben; denn so richtig es ist, daſs im Leben Ursachen nur dann wirken, wenn die notwendigen Voraussetzungen ihrer Wirksamkeit vorhanden sind, so falsch ist es, diesen ruhenden Positionen eine partielle Kraftbeteiligung am Erfolge einzuräumen.

---

[1] „Über Causalität und deren Verantwortung" (Leipzig 1873).

Übrigens steht Buri mit sich selbst, wie Birkmeyer in überzeugend glänzender Weise nachgewiesen hat, im schroffsten Widerspruche. Denn acceptirt man für einen Moment die Ansicht, dafs die Ursache gleich sei der Summe sämtlicher Bedingungen, so würde daraus genau das Gegenteil davon folgen, was Buri erschlofs, nämlich dafs nicht jede einzelne Kraft für sich allein schon als die Ursache einer Erscheinung aufgefafst werden dürfe. Ist $a + b + c = x$, dann ist a nicht $= x$.

Ist die Ursache jede Mitwirksamkeit, welche zur Hervorbringung eines Erfolges beigetragen hat, also jede Bedingung eines Erfolges, dann kommen wir zu dem Resultate, dafs es ungerechtfertigt sei, wenn man zwischen Mitthäter und Mitschuldigen (Gehülfen, Teilnehmer), wenn man ferner zwischen den Anstiftern und Thätern irgend welche Unterschiede macht; dann ist die Frau, welche eine andere todtbetet, wenn diese vor lauter Dummheit und Aufregung über den erlittenen Schrecken stirbt, eine Mörderin; dann ist derjenige, welcher einen anderen bei einem grofsen Gewitter spazieren führt, damit ihn der Blitz treffen möge, was denn auch zufällig geschieht, ein Mörder; dann ist der Gläubiger, welcher seine Forderung energisch geltend macht und damit den Schuldner zur Verzweiflung und Selbstmord treibt, am Ende gar der fahrlässigen Tödtung schuldig. Denn alle diese Personen haben nähere oder entferntere Bedingungen für den Eintritt des Erfolges verwirklicht. Kurz, man kann den Irrtum gar nicht weiter treiben, als dies Buri gethan, und wieder ist es das glänzende Verdienst Birkmeyers, nachgewiesen zu haben, dafs, wenn man auch als Korrektiv für diesen weiteren Ursachenbegriff die engere Grenze des Schuldbegriffes hinstelle, die absurde Bestrafung in den obigen drei Fällen nicht vermieden werden könne, und dafs jenes Korrektiv in allen jenen Fällen versage, in welchen das Strafrecht schon die blofse Verursachung ohne Rücksicht auf Verschulden strafe. Solche Fälle liegen nach dem österreichischen Strafgesetzbuche in den §§ 86 (Schlufssatz), 126, 128, 140, 156, 161, 167ª, 335 vor. In allen diesen Fällen tritt, obwohl der Dolus nur auf boshafte Beschädigung, auf Notzucht, Schändung, Brandlegung, Feindseligkeit, Zweikampf gerichtet oder obwohl gar nur eine Unachtsamkeit vorhanden war, nichtsdestoweniger die schwere Beschädigung oder der Tod eines Menschen ein. Was bleibt nun in diesen Fällen unter der Voraussetzung, dafs der Vorsatz nicht hinreicht, um jemanden wegen Tödtung eines Menschen zu bestrafen, übrig, als zu untersuchen, ob die Handlung wenigstens den Tod eines Menschen verursacht habe? Da ist es klar, dafs uns bei dieser Untersuchung Buri's Gleichstellung von Ursache und Bedingung im Stiche läfst.

Als besonders drastischer Fall wird uns von Birkmeyer folgende Entscheidung des Reichsgerichtes, welche den Buri'schen Standpunkt acceptirte, mitgeteilt: „Der Angeklagte K hatte voreiliger Weise den Brand eines Schuppens herbeigeführt, in welchem die Fabrikation von Lack betrieben wurde. Der vierzehnjährige B, der sich im Schuppen befand, hatte sich bereits aus demselben gerettet, ist aber dann, um ein Paar ihm gehörige Stiefeln noch herauszuholen, noch einmal in denselben zurückgekehrt und ist auf diesem Wege erstickt. Das Reichsgericht bejahte die Frage des Causalzusammenhanges und damit die Strafbarkeit des K wegen Verursachung des Todes eines Menschen durch voreilige Herbeiführung eines Brandes. Es habe zwar allerdings eine Zwischenursache, die Rückkehr des B in den Schuppen mitgewirkt, damit der Tod eintreten konnte. Aber wenn auch ohne die Rückkehr der Tod des B nicht eingetreten wäre, so wäre doch anderseits auch die Rückkehr nicht ohne den von K verursachten Brand erfolgt, welchem B seine Stiefel entreifsen wollte. Die Brandstiftung des K ist also die Ursache (sic!) des Todes des B gewesen."

Kann man bei dieser Auffassung, die den Buri'schen Standpunkt acceptirt, auch nur einen Moment an ihrer Unrichtigkeit zweifeln? Kann man leugnen, dafs hier eine Unterbrechung des Causalzusammenhanges vorliege, dafs die ausschliefsliche Ursache des Erfolges die freiwillige Rückkehr des Knaben war und dafs die fahrlässige Handlung des ersten höchstens als Bedingung, aber nicht als Ursache des Erfolges betrachtet werden kann?

Ein ähnlicher Fall[1], bei welchem eine eklatante Verkennung des Causalverhältnisses unterlief, beschäftigte das Kreisgericht in Spalato; ein achtzehnjähriges Mädchen, welches von einem jungen Manne geschändet oder gar genotzüchtigt wurde, erklärte ihrer Schwester, dafs sie entehrt nicht länger leben könne und sprang ins Meer. Die Anklage erging in der Richtung des § 125 St.G. (Verbrechen der Notzucht), strafbar nach § 126 St.G. mit lebenslänglichem Kerker, da die Handlung des Angeklagten den Tod des Mädchens verursacht habe, insofern sie eine Sinnesverwirrung erzeugt, in welcher das Mädchen den Tod im Meere

---

[1] Mitgeteilt in den juristischen Blättern vom 17. Mai 1891. Nr. 20.

gesucht und gefunden habe. Bei der Hauptverhandlung wurde zwar die Eventualfrage auf Schändung gestellt, jedoch auch hier eine Zusatzfrage auf den Erschwerungsumstand des § 126 gestellt; beide Fragen wurden bejaht und in Anwendung des im § 128 St.G. bezeichneten höchsten Strafsatzes die Strafe des zwölfjährigen schweren und verschärften Kerkers verhängt. Erst der Kassationshof setzte die Strafe auf ein Jahr schweren und verschärften Kerkers herab, in der Erwägung, dafs der Nachweis nicht erbracht sei, ob das Mädchen infolge **Sinnesverwirrung** oder **vollständig freien Willensentschlusses** den Tod gefunden habe.

Kurz, hatte schon Mill Unrecht, die Ursache sämmtlichen Bedingungen gleichzusetzen, so mufste auch Buri, der diese Ansicht noch dazu in unrichtiger Form adoptirte und die Ursache jeder einzelnen Bedingung gleichsetzte, sich gründlich getäuscht haben.

3. Auch Lammasch steht in seinen vortrefflichen Abhandlungen[1] leider auf dem Boden der John Stuart Millschen Lehre. Er sagt: „**Aus der Gruppe von Antecedentien pflegt man im nicht wissenschaftlichen Denken das eine oder das andere besonders Auffallende oder wohl das am wenigsten erwartete Antecedens hervorzuheben und von demselben unter der stillschweigenden Voraussetzung des Zutreffens der übrigen Umstände — eine Voraussetzung, die mitunter auch in der negativen Form der Abwesenheit störender Umstände ausgesprochen wird, auszusagen, dafs es die Ursache jener Veränderung sei, oder dafs es die Kraft habe, die Veränderung zu erzeugen. Diesem Vulgärbegriffe der Ursache, welcher nur ein Antecedens oder gewöhnlich eine unter einem Begriffe oder einem Namen zusammengefafste Gruppe von Antecedentien umfafst, steht gegenüber der wissenschaftliche Begriff der Ursache als des Inbegriffes aller Antecedentien des Ereignisses im konkreten Falle, und nur von der Ursache in jenem Sinne, welchen wir als den wissenschaftlichen bezeichnen,**

---

[1] „Handlung und Erfolg", 1882, Grünhuts Zeitschrift, Bd. 9, S. 25 ff. — Ferner „Das Moment objektiver Gefährlichkeit im Begriffe des verbrecherischen Versuches." Wien 1879.

gilt der den Begriff der Ursache entwickelnde Satz, dafs ihr die Wirkung mit Notwendigkeit folge. Es gelten aber von jedem Umstande, der im konkreten Falle Antecedens seines Erfolges ist, gleichmäfsig die beiden Sätze, dafs er für diesen Erfolg wesentlich sei, denselben aber für sich allein nicht bewirke.

Weder diese Unwirksamkeit, noch jene Wesentlichkeit ist bei einem dieser Umstände eine gröfsere als bei einem anderen, wie ja überhaupt die Begriffe „Wesentlichkeit" und „Wirksamkeit" einer Steigerung nicht fähig sind.

Die Kraft also, diesen Erfolg zu erzeugen, kommt keinem dieser Umstände für sich allein zu, sondern jedem stets nur unter der Voraussetzung des Zutreffens der übrigen, d. h. sie kommt nur allen zusammen zu. Der Begriff der Einzelursache, einer Ursache *κατ' ἐξοχήν* im Gegensatze zu blofsen Bedingungen hätte nur dann eine wissenschaftliche Begründung, wenn es uns vergönnt wäre, den Wirkungsanteil der verschiedenen Antecedentien an der Entstehung der einzelnen Ereignisse als einen verschiedenen zu erkennen, wenn wir einzusehen vermöchten, wie einzelne Faktoren, aus denen die Entstehung gerade eines Ereignisses sich zusammensetzt, für dessen Entstehung wesentlicher und wirksamer sind als andere, d. h. wenn wir eine wirkende Ursache, eine Kraft nachzuweisen vermöchten im Gegensatze zu jenen Umständen, welche nur die die Wirksamkeit dieser Kraft ermöglichende Gelegenheit darstellen. So lange aber weder ein Unterschied wirkender Ursachen von blofs physischen oder Gelegenheitsursachen, noch ein Unterschied aktiver von passiven Kräften nachgewiesen ist, so lange ist die Heraushebung einzelner Antecedentien als Ursache nur ein Überrest der alten animistischen Auffassung der äufseren Dinge, welche alle wirkende nach der Analogie des menschlichen Wollens beurteilt."

Man kann den Millschen Standpunkt kaum mit gröfserer Klarheit, wissenschaftlicher und schöner darlegen, als dies Lammasch in seinen beiden Abhandlungen gethan. Allein selbst die klarste Reproduktion des Millschen Empirismus vermag die Unrichtigkeit dieser Lehre nicht zu verhüllen.

Richtig ist an dem Ganzen nur, was wir längst eingeräumt haben, dafs eine Ursache oder mehrere Teilursachen ohne das

Vorhandensein bestimmter Voraussetzungen (Bedingungen) ihre Wirkung nie erzeugen können, daſs man in diesem Sinne nur von Gelegenheitsursachen in der Natur sprechen könne und daſs, wenn auch nur eines der für einen konkreten Erfolg notwendigen Antecedentien fehlen sollte, die Wirkung cessiren müſste, den Ursachen ihre causale Kraft benommen wäre. In diesem negativen Sinne muſs Mill und Lammasch unbedingt Recht gegeben werden.

Falsch ist aber die Behauptung, daſs nicht ein verschiedenes Maſs positiver Wirksamkeit der einzelnen Bedingungen für die Hervorbringung eines Erfolges vorhanden sein könnte, falsch die Bemerkung, daſs ein Antecedens nicht mehr für den Erfolg geleistet haben könnte als wie die anderen, und daſs wir nicht die Berechtigung hätten, ein solches Antecedens, welches nur im Kreise der Veränderungen zu finden ist, Ursache zu nennen und den sonstigen ruhenden, nicht als Veränderungen auftretenden Voraussetzungen gegenüberzustellen. Wenn Lammasch einen Einblick in die ungleichartige Kraftbeteiligung der Coantecedentien an einem Erfolge gewinnen will, dann wollen wir ihm dazu durch ein besonders drastisches Beispiel behilflich sein. Ein Arzt befiehlt nach glücklich ausgeführter Operation eines Kranken dem Krankenwärter, auf diesen Patienten während der Nachtstunden ganz besonders achtzugeben und schärft ihm äuſserste Diligenz ein; denn wenn der Kranke im Wundfieber den Verband von seiner Wunde reiſsen würde, dann wäre er verloren. Der Krankenwärter verspricht, gewissenhaft zu wachen und auf den Patienten sorgsam achtzugeben, schläft jedoch schon in den ersten Nachtstunden uneingedenk seiner Verpflichtung ein. Der Kranke, der sich unbeobachtet sieht, giebt dem heftigen Reize nach, löst den Verband und verblutet bald darauf.

Der Staatsanwalt legt dem pflichtvergessenen Diener mit vollstem Rechte fahrlässige Tödtung zur Last. Kann Lammasch in diesem Falle auch nur einen Moment daran zweifeln, daſs die Handlung des Patienten zum Erfolge mehr beigetragen habe, als das passive Verhalten des Angeklagten, ja daſs es denselben ausschlieſslich bewirkt habe? Giebt es einen Fall, der typischer wäre und deutlicher das Verhältnis, welches in der Natur zwischen Ursache und Bedingung besteht, enthüllen könnte? Kann jemand daran zweifeln, daſs die Ursache für den Erfolg ausschlieſslich in der Handlung des Kranken erblickt werden muſs und daſs das Verhalten des Angeklagten bloſs eine Voraussetzung darstellt, unter welcher die Ursache ihre Kraft entfalten konnte? Ist aber auch nur ein Fall möglich, in welchem die ungleichartige Beteiligung von Ursache und Bedingung am Erfolge nachgewiesen erscheint — und wir könnten statt eines Falles tausende nennen — dann ist es klar, dafs die Millsche Auffassung, nach welcher blofs von der Summe sämmtlicher Bedingungen gesprochen werden darf, und unter dem Kollektivausdruck „Bedingungen" gänzlich ungleichartige und ungleichwertige Faktoren konfundirt werden, hinfällig sein müsse. Es giebt eben in der Natur eine Kraft im Gegensatze zu Umständen, welche nur die die Wirksamkeit dieser Kraft ermöglichende Gelegenheit darstellen, und diese Kraft ist ausschliefslich Veränderungen verliehen, welche neue Veränderungen erzeugen. Wer so sorgfältig den Sprachgeist belauscht, wie Lammasch, wer durch seine Beobachtung über die Natur Aufklärung zu finden hofft, der hätte, wie Birkmeyer treffend sagt, beachten sollen, dafs die Sprache selten zwei selbständige Werte für genau den nämlichen Begriff ausbildet.

Wenn Lammasch behauptet, dafs von jedem Umstande, der im konkreten Falle Antecedens eines Erfolges ist, gleichmäfsig die beiden Sätze gelten, dafs er für diesen Erfolg wesentlich sei, denselben aber für sich allein nicht bewirke, so ist dies unbedingt richtig. Wenn er aber fortfährt: „Die Kraft also, diesen Erfolg zu erzeugen, kommt keinem für sich allein zu," sondern jedem stets nur unter der Voraussetzung der übrigen, d. h. sie kommt nur allen zusammen zu, so ist dies in seiner Allgemeinheit ganz unrichtig. Denn die Bedingungen partizipiren mit gar keiner Kraftbeteiligung am Erfolge; von ihrer Existenz und Defizienz hängt es nur ab, ob die Kraft, die ausschliefslich Veränderungen verliehen ist, andere Veränderungen zu erzeugen, ihre ungestörte Wirksamkeit entfalten könne oder latent bleiben müsse. Bedingungen sind passive Positionen, von deren Vorhandensein es abhängt, ob aktive Kräfte (Veränderungen) ihre Wirkungen entfalten können.

Das vollständig Widersinnige der Gleichstellung von Ursachen und Bedingungen wird man besonders dann herausfühlen, wenn man sich über die Gründe Rechenschaft ablegt, warum ein einzelnes Coantecedens den Erfolg für sich allein nicht bewirken könne. Wenn einer von zwei Duellanten mit einem Stofsrapier den Gegner tödtlich trifft, dann war, abgesehen von der Führung des Stofses, auch die Beobachtung eines bestimmten Distanzverhältnisses nötig, um den Gegner erreichen und treffen zu können. Nur bei genauer

Beobachtung dieser Entfernung konnte der Hieb den Gegner tödtlich treffen. Würde man aber dies umkehren und sagen wollen, die Entfernung, in der die Gegner standen, konnte die tödtliche Wirkung nur dann nach sich ziehen, wenn einer von den Gegnern gegen den anderen einen Stofs ausführte, so würde man einem mit Recht ins Gesicht lachen; denn die Entfernung kann als ruhende Position, als passive Voraussetzung gar keine Wirkung erzeugen. So ist es denn auch Lammaschs glänzender Darstellung nicht gelungen, der Millschen Lehre zu gröfserer Wahrheit zu verhelfen.

4. Bindings Ansicht ist in folgenden Worten enthalten[1]: „Jede Veränderung in der Welt ist das Resultat eines siegreichen Kampfes einer Kraft über die andere. Spielt die menschliche That bei Herbeiführung einer Veränderung mit, so kann dies dem Anscheine nach auf zwei Weisen geschehen. **Entweder sie verstärkt die zu jenem Erfolge hinwirkenden oder aber sie schwächt die jenem Erfolge widerstrebenden Bedingungen.** Verursachung einer Veränderung ist deshalb identisch mit einer Veränderung des Gleichgewichtes zwischen den sie abhaltenden und den zu ihr hinwirkenden Bedingungen zu Gunsten der letzteren. Ursachen sind die zu diesem Erfolge hinstrebenden Bedingungen in ihrem Übergewichte über die von ihm abhaltenden Bedingungen. Der Mensch verursacht etwas, insofern er jene Überlegenheit der hinwirkenden über die abhaltenden Bedingungen bewirkt."

Bindings Theorie erinnert an die physikalische Auffassung des Kräfteparallelogramms. Dafs aber ein Gleichgewicht zwischen einander widerstrebenden Bedingungsmassen im Leben nicht vorhanden sein könne, wurde bereits von verschiedenen Gelehrten treffend nachgewiesen. Blofs bildlich kann die Bindingsche Theorie acceptirt werden, und Lammasch hob sehr richtig hervor, dafs es höchst gezwungen klinge, wenn wir uns den Körper eines Soldaten in der Schlacht zwischen Tod bewirkenden und Leben erhaltenden Kräften hin und her gezerrt vorstellen. Richtiger dürfte es wohl sein, zu sagen, der Soldat lebe, weil die Ursache für seinen Tod eben noch nicht verwirklicht erscheint. Die Möglichkeit einer Veränderung und die Veränderung selbst sind, wie Lammasch zutreffend nachweist, zwei ganz verschiedene Begriffe. Der Soldat

---

[1] „Die Normen und ihre Übertretungen." I. S. 42 f. (Leipzig 1872).

steht nur unter der Möglichkeit, erschossen zu werden, jedoch ist dies keine seiner ihm wirklich zukommenden Eigenschaften.

Binding scheint uns in seiner Theorie mehr eine dynamische Erklärung des Begriffes „Geschehen", als eine philosophische Analyse des Ursachenbegriffes gegeben zu haben. Wenn jemand blofs die positiven Bedingungen verstärkt oder die negativen, dem Erfolge widerstrebenden schwächt, dann bleibt es noch vollkommen problematisch, ob der Erfolg eintreten werde, da dieser in seiner Hauptbeschaffenheit von wirkenden Ursachen abhängig ist, welche allerdings ihrerseits in ihrer Wirksamkeit von positiven und negativen Bedingungen abhängen. Darum scheint uns Binding mehr den Begriff eines bedingenden wie causalen Thatbestandes gegeben zu haben.

5. Die bedeutungsvollste Arbeit, welche den Causalitätsbegriff vom juristischen Gesichtspunkte erörtert, dürfte wohl die Untersuchung von Birkmeyer sein.

Birkmeyer[1] ist der einzige Schriftsteller, der sich mit vollster Klarheit des prinzipiellen Unterschiedes von Ursache und Bedingung bewufst wird. Er ist sich klar darüber, dafs er die Ursache in dem Kreise der Bedingungen suchen müsse und dafs im Sinne des Strafrechtes nur diejenige unter den Bedingungen des Erfolges „Ursache" genannt werden könne, welche mehr als die übrigen Bedingungen zur Hervorbringung des Erfolges beigetragen habe. Er verkennt nicht, dafs auch die übrigen Bedingungen zum Erfolge beitragen; aber das praktische Bedürfnis verlange, eine von den übrigen als Ursache von den Bedingungen auszuzeichnen und die Natur der Sache verwehrte, diese Auszeichnung einer anderen zuzuerkennen, als der für den Erfolg wirksamsten, und darnach ist Ursache die thätigste Bedingung. Er sagt: „Dafs die vor den übrigen hervorragende Wirksamkeit einer Bedingung für den Erfolg uns wissenschaftlich durchaus berechtigen würde, diese Bedingung als die ‚Ursache' $\varkappa\alpha\tau'$ $\dot{\varepsilon}\xi o\chi\acute{\eta}\nu$ zu bezeichnen, das ist auch von den Gegnern dieser Formulirung zugegeben. Was sie bestreiten, das ist die Thatsache, dafs eine Bedingung wirksamer als die andere bei Hervorbringung des Erfolges sei. Allein so weit diese Bestreitung gestützt wird durch den Hinweis auf die gleiche Unentbehrlichkeit jeder Bedingung für den Erfolg, trifft sie die

---

[1] „Über Ursachenbegriff und causalen Zusammenhang im Strafrechte." Rostock 1885.

Thatsache nicht. Es handelt sich um die positive, nicht um die negative Bedeutung der einzelnen Bedingungen für den Erfolg, und wer könnte da im Ernste bezweifeln wollen, dafs der A mehr als der B zur Herbeiführung des Brandes positiv beigetragen habe, wenn B dem A den Brennstoff lieferte, welchen dann A zu dem in Brand zu setzenden Gegenstande brachte und entzündete, so richtig es ist, dafs beide Thätigkeiten zur Herbeiführung des konkreten Erfolges unentbehrlich waren?"

Kurz, Birkmeyer ist, indem er die Ursache die wirksamste Bedingung nennt, die Lehren Bars, Buris und Lammaschs in glänzender Weise kritisirt, indem er mit feinem Takte gegen Buri bemerkt, dafs Mitschuld, Anstiftung und Mitthäterschaft verschiedene Beiträge zum Erfolge liefern, indem er in überzeugender Weise darlegt, dafs der negative Satz, „keines der Antecedentien eines konkreten Erfolges dürfe fehlen, wenn der Erfolg nicht selbst hinwegfallen solle", nicht die affirmative Behauptung ausschliefse, dafs ein verschiedenes Mafs positiver Wirksamkeit der einzelnen Bedingungen für die Hervorbringung eines Erfolges möglich sei, genau auf jenem Wege, den wir selbst eingeschlagen, nur dafs er nicht den Mut hatte, die letzten Konsequenzen zu ziehen und einzugestehen, dafs die Bedingungen überhaupt nicht direkt am Erfolge partizipiren, sondern blofs die passive Rolle spielen, in der Form ruhender Positionen den Ursachen ihre Causalität zuzusichern.

Ob wir die Natur erforschten oder das Rechtsgebiet durchwanderten, wir kamen in gleicher Weise zu dem Resultate, dafs Ursachen Veränderungen sind, welche durch ihre Kraft neue Veränderungen mit Notwendigkeit erzeugen, und deren Fähigkeit, zu wirken, von dem Vorhandensein bestimmter Bedingungen (Voraussetzungen) abhängig war. Hatte aber das Recht in einzelnen Fällen einen Menschen für das verantwortlich gemacht, was seine Handlung nur im Vereine mit anderen Teilursachen herbeiführen konnte, hatte es menschliches Handeln in Fällen geahndet, in welchen dasselbe nicht einmal als Teilursache, sondern höchstens als Bedingung des Erfolges betrachtet werden konnte, dann mufsten wir die Überzeugung gewinnen, dafs die Frage: „wie weit werden wir rechtlich zur Verantwortung gezogen?" und die Frage: „was haben wir verursacht?" zwei gänzlich verschiedene sind und dafs die ungleichartige Beantwortung, die von der Rechtsordnung und

Erkenntnistheorie gegeben wird, uns nicht befremden darf, weil die erstere ihre Beweiskraft aus ethischen Zweckmäfsigkeitsgründen geschöpft hat, während die letztere sich von dem Zwange wirklicher Gesetze leiten liefs.

Da die juristische Logik im Dienste jener sittlichen Zwecke steht, welche wir im Leben verwirklichen wollen, daher teleologisch gefärbt ist, so entbehrt sie überhaupt jeder logischen Wahrheit. Ihering hatte somit die vollste Berechtigung zu sagen: „In meinen jungen Jahren der formalistischen Richtung selbst mit Leib und Seele zugethan, bin ich in der Mitte meines Lebens allmählich zur Erkenntnis ihrer Verkehrtheit angelangt und habe seitdem nicht aufgehört, sie zu bekämpfen. Dem begrifflichen Apriorismus in der Jurisprudenz glaubte ich nicht besser ein Ende machen zu können, als indem ich den Nachweis erbrachte, dafs der Zweckgedanke der alleinige Schöpfer des Rechts ist und dafs die Herrschaft, welche sich die Logik im Rechte anmafst, eine erschlichene ist."

Drittes Kapitel.

Bewirken durch Unterlassen.

Es scheint ein eigentümliches Gesetz in der Natur und in der Geschichte des menschlichen Forschens zu bestehen, nach welchem einleuchtende Wahrheiten infolge ihrer unendlichen Einfachheit häufiger verkannt werden, dem Verständnisse gröfsere Schwierigkeiten bereiten, als die komplicirteren Probleme.

Dies ist kein Vorwurf, welchen man gerade dem juristischen Denken gegenüber erheben könnte, welches ja überhaupt die traurige Rolle spielt, Erscheinungen, die sich im Leben längst eingebürgert haben, nachträglich die Berechtigung zu ihrer Existenz zu erteilen, uneingedenk des Hegel'schen Wortes, dafs Alles, was sei, damit allein schon den Nachweis für die Berechtigung seiner Existenz erbracht habe.

Der Vorwurf, den wir erheben, richtet sich vielmehr an eine andere Adresse; er gilt der Unfähigkeit unserer Juristen, über Fragen der Philosophie mit genügender Klarheit nachzudenken. Denn sie gehen kurzsichtig am Einfachen, Wahren vorüber, um sich in waghalsigen Parforcetouren des Gedankens zu gefallen, und sie wissen das durchsichtig Klare nur durch die grauen Gläser ihrer Theorie zu betrachten.

Als ein Problem, welches nun Philosophie mehr wie Recht berührt, wenn die Rechtswissenschaft auch von der Lösung desselben die weitgehendste Nutzanwendung machte, dürften wir wohl die Frage bezeichnen: „Kann ein Mensch durch Unterlassen bewirken?" Oder strafrechtlich ausgedrückt: „Kann gänzlich passives Verhalten geeignet sein, einen konkreten positiven verbrecherischen Erfolg zu erzeugen?"

Das ist das Problem, mit dessen weitgehender Anwendung für das Rechtsgebiet wir uns nunmehr zu beschäftigen haben.

Es wäre im allgemeinen übereilt, wenn man dem Zwange, diese Frage zu verneinen, sofort ohne Reflexion nachgeben wollte. Aber auch nach sorgfältigem Studium werden wir die Wahrnehmung machen, dafs die abstrakteste Reflexion, das schärfste Sichselbstbesinnen doch schliefslich zu demselben Resultate führen müsse, welches der gesunde Menschenverstand anticipirt, wenn er der Einsicht sich nicht zu entziehen vermag, dafs aus Nichts nur wieder Nichts werden könne, und dafs, wenn die Rechtswissenschaft in solchen Fällen einen Menschen gleichwohl zur Verantwortung ziehe, sie von ethischen und nicht von logischen Gründen hiezu geleitet werde.

Von philosophischer Seite wurde unsere Frage von Sigwart und Berger, von juridischer Seite von Feuerbach, Krug, Luden, Glaser, Merkel, Bar, Buri, Binding untersucht, und von sämmtlichen Schriftstellern im entgegengesetzten Sinne, d. h. dahin entschieden, dafs die Unterlassung eines Menschen im Stande sei, einen konkreten positiven Erfolg mit Notwendigkeit zu erzeugen, dafs also das Verhältnis zwischen Ursache und Wirkung zwischen Unterlassung und Erfolg bestehe.

Auffällig hierbei war, dafs die verschiedenen Schriftsteller, indem sie im Principe vollkommen übereinstimmten, das causale Moment der Unterlassung nichtsdestoweniger in widersprechendster Weise erklärten, und dafs sie bei Beurteilung der Frage, worin denn eigentlich die causale Natur der Unterlassung gelegen sei, in ihren theoretischen Erklärungen ausnahmslos von einander abwichen. Der Kampf Aller gegen Alle wurde mit einer Lebhaftigkeit sondergleichen geführt, es wurden die scharfsinnigsten Argumente aufgestellt, um die eigene Ansicht zu stützen und die anderen zu entkräften, es gestaltete sich die Frage zu einer Art strafrechtlicher Parole, und wie es zum guten Tone bei den Civilisten gehörte, eine eigene Theorie für den Grund des Besitzschutzes zu ersinnen, so wurde es zu dem beliebtesten Sporte der Strafrechtslehrer, eine selbständige Causaltheorie für das Bewirken durch Unterlassen zu finden.

Und weshalb bemächtigte sich eine ganze Litteratur dieser Frage, wozu wurde so viel Scharfsinn von der Jurisprudenz aufgeboten? Weil man sich der Wahrheit verschliefsen wollte, dafs der höchste Gedanke des Rechtes nicht etwa ein logisch zwingender, sondern ein von unseren sittlichen Zwecken vorgeschriebener sei. Weil man nicht zugeben wollte, dafs die Frage: „Was haben wir verursacht?" und die Frage: „Wofür werden wir zur Verantwortung gezogen?" zwei unendlich verschiedene Fragen sind, und weil man sich mit Händen und Füfsen gegen die Wahrheit sträubte, dafs wir aus ethischen Gründen mit vollster Berechtigung Personen strafen, bei denen es aus logischen Gründen feststeht, dafs sie den Erfolg nicht verursacht haben.

In der That haben die gegnerischen Ansichten für den ersten Augenblick unendlich viel Bestechendes an sich. Wenn ein Brückenwärter auf einer baufälligen Brücke steht, strenge Wache hält, Niemanden hinüber läfst, bis er ermüdet durch die Sonnenhitze einschläft; wenn dann ein Wagen über die Brücke fährt, und diese mit donnerndem Geräusch in das Wasser stürzt, Pferde und Wagen mit in die Tiefe fortziehend, — verdammen wir nicht sofort den pflichtvergessenen Hüter? — Wenn ein guter und ein schlechter Schwimmer zusammen im Strome baden, der gute dem schlechten im Falle der Not Hülfe verspricht, hernach aber sein Wort nicht hält, und seinen Freund, obwohl er ihn mit einer Handbewegung retten könnte, vor seinen Augen ertrinken läfst, haben wir nicht die unklare ethische Empfindung, dafs der Wortbrüchige für den Tod seines Freundes zur Verantwortung zu ziehen sei? — Wenn Manon Lescaut erfahren hat, dafs die Späher ihrem Freunde auf den Fersen sind, wenn sie weifs, dafs die Spione ihres Vaters vor der Thüre warten, um den ahnungslos Hinauseilenden gefangen zu nehmen, wenn sie den Geliebten nicht warnt, das erlösende Wort nicht findet, um ihn zurück zu halten und jener die Thüre öffnet, um sofort gefangen genommen zu werden, regt sich in unserer Brust nicht ein Entrüstungssturm, der, in die klare Sprache des Rechtes oder der Philosophie übersetzt, lautet: „Das Mädchen habe seinen Untergang verursacht?" — Wenn der Weichensteller einer Eisenbahn den von ruchloser Hand auf das Geleise gelegten Felsblock wahrnimmt, jedoch den Zug nicht anhält, sondern weiterfahren läfst, bis die Katastrophe eintritt und die Wagen zertrümmert werden, können wir nur einen Augenblick zwischen den ruchlosen Thätern und jenem nachlässigen Weichensteller einen Unterschied machen? Haben wir nicht die Empfindung, dafs die Frevler in gleicher Weise, wie er selbst, den Erfolg verursacht haben? Und doch trotz alledem hüten wir uns, unsere sittlichen Aufwallungen für zwingende Beweisgründe zu halten, hüten wir uns, mit warmen

Herzen statt mit nüchternem Verstande ein Problem der Erkenntnistheorie zu messen, welches erwogen und nicht erdichtet sein will.

So können wir denn, dem Vorschlage Bergers[1] folgend, die feindlichen Schriftsteller in vier Gruppen teilen, denen er selbst fremd, isolirt, als Repräsentant einer fünften Ansicht gegenübersteht, die wir ebenfalls bekämpfen müssen.

„Die erste Gruppe bilden die Anhänger der nunmehr aufgegebenen Lehre, daſs man nur durch das Unterlassen von Handlungen, zu deren Ausübung man verpflichtet sei, bewirken könne. Diese Lehre wurde von Feuerbach, Spangenberg, Martin und anderen vertreten, und ist die Ansicht der Laien geblieben. — Zur zweiten Gruppe gehören Luden und Zirkler. Sie lehren, der Kausalzusammenhang bestehe zwischen der Handlung, welche der Mensch beging, während er die andere unterläſst, und dem Erfolge. — Krug, Glaser, Merkel und v. Bar sind Wortführer der dritten Gruppe; sie weichen in wichtigen Punkten von einander ab, fordern aber übereinstimmend, daſs der Unterlassende vorher positive Handlungen begangen haben müsse, die mit dem Erfolge in irgend einem kausalen Zusammenhange stehen. — Bar und Binding, die Vertreter der vierten Ansicht, stellen das Unterlassen als das Unterdrücken einer hindernden Bedingung des Erfolges dar." Ihnen allen steht Berger gegenüber, der die Wirksamkeit der Unterlassung nicht in einer äuſseren Bethätigung oder Passivität, sondern in dem Willensentschlusse, eine Handlung zu unterlassen, findet und darin das causale Moment für den Eintritt des Erfolges erblickt.

Treten wir der geschlossenen Zahl der feindlichen Schriftsteller näher, so dürfte es leicht sein, die erste und zweite Ansicht zu widerlegen. Das Thema probandum bezw. repugnandum lautet: „Bewirken könne man nur durch Unterlassungen, zu deren Vornahme man verpflichtet ist." Welch unglaublich juristisch engherzige Auffassung einer philosophischen Frage! Entweder eine Unterlassung ist durch ihre Natur geeignet, einen konkreten Erfolg mit Notwendigkeit zu erzeugen, oder es mangelte ihr diese Fähigkeit; in beiden Fällen aber bleibt die Vorfrage, ob man zu der Handlung verpflichtet war, ganz auſser Betracht. Handelt es sich doch ausschlieſslich darum, die causale Natur der Unterlassung festzustellen, eine Untersuchung, für welche die Beantwortung der zweiten Frage,

---

[1] Grünhuts Zeitschrift: „Bewirken durch Unterlassen". Bd. 9. S. 747.

ob eine Pflicht zum Handeln vorlag, ganz gleichgiltig sein mufs, und gar keinen Beitrag zur Klärung liefern kann. Dafs eine Pflicht zum Handeln vorliegt, ist vielleicht der Grund, warum gerade nur bei bestimmten Unterlassungen eine Strafe eintritt, es klärt aber in keiner Weise die Untersuchung, worin die causale Natur der Unterlassung gelegen sei.

Ebenso leichtes Spiel haben wir bei Bekämpfung der zweiten Ansicht. Luden lehrt, dafs wenn ein Mensch auch in einem gegebenen Falle die gebotene Handlung unterliefs, er doch an Stelle der unterlassenen eine andere positive Handlung begangen habe, und diese sei dann die Ursache des eingetretenen Erfolges. Wenn Manon also, anstatt den Geliebten zu warnen, ein Liedchen trällert, dann sei diese unschuldige Handlung die Ursache seines Unterganges! Denn während sie die gebotene Handlung, die Warnung unterliefs, habe sie doch eine positive Handlung gesetzt! Es ist klar, dafs man kaum verkehrter zu denken vermag, und dafs Berger die Berechtigung hatte, zu sagen, dafs dies gerade so laute, als wollte man eine Mutter nicht aus dem Grunde zur Verantwortung ziehen, weil sie ihre Kinder durch Verschmachten umkommen liefs, sondern weil sie in diesem Momente blaue Strümpfe strickte.

Schwerer gestaltet sich der Kampf gegen Krug, Glaser, Merkel und Bar. Krug streift den Kern der Frage mit den Worten[1]: „Ein rechtsverletzender Erfolg kann nur dem zugerechnet werden, in dessen Verhalten die Ursache desselben zu suchen ist. **Nun kann aber die Unterlassung an sich (die reine Unthätigkeit) nie Ursache eines Erfolges sein, sie kann nur dadurch mit demselben in causale Verbindung treten, dafs sie Bestandteil der positiven Handlungsweise des Unterlassenden wird, mit anderen Worten, dafs sie mit Handlungen desselben, welche mit dem Erfolge in causalem Zusammenhange stehen, in Verbindung tritt.**"

Anstatt aber nun die verschiedenen Arten zu erörtern, bei welchen das Unterlassen mit Handlungen, welche mit dem Erfolge in einem causalen Verhältnisse stehen, in Verbindung tritt, mündet Krug wieder bei der obligatio ad faciendum, indem er den obigen Satz nur auf jene Handlungen einschränkt, welche die Verpflichtung zu einer bestimmten Thätigkeit begründen. Da hatte Glaser's Kritik

---

[1] Abhandlungen aus dem Strafrechte. 1855. II. S. 21 u. f.

ein leichtes Spiel. „Ist der Causalnexus sichtbar und nachweisbar, so bedarf es nicht noch einer selbstverständlichen Verpflichtung zu einer bestimmten Thätigkeit. Ist dagegen, von dieser Verpflichtung abgesehen, kein Causalnexus vorhanden, so mag zwar ein pflichtwidriges Verhalten vorliegen, allein dasselbe genügt nicht, den Pflichtwidrigen zum Urheber eines bestimmten verbrecherischen Erfolges zu machen[1]."

Viel schwerer wird uns selbst die Kritik der Glaser'schen Lehre. Sie enthält wahre Goldkörner, die wir als Edelmetall nur deshalb nicht annehmen können, weil sie der Verarbeitung entbehren. Glaser's unendlich klarer Geist läfst ihn immer das Richtige erkennen, durch alle seine Arbeiten blitzt das helle Sonnenlicht hindurch, um aber häufig hinter dichten Wolken zurückzutreten. Wenn wir auch damit dem juristischen Denken Glaser's, welches an Klarheit beinahe unerreicht dasteht, nicht nahetreten wollen, so gilt doch unsere Klage seiner Auffassung philosophischer Probleme, bei welcher er, wie fast alle Juristen, der nötigen Klarheit ermangelt.

Gleich die Theorie über den Begriff der Ursache scheint uns verfehlt zu sein; liegt ihr doch die alte Verwechslung zwischen Ursache und Bedingung zu Grunde. Sie lautet: „Soll aber der Thatbestand eines Verbrechens gegeben sein, so mufs sich zeigen, dafs der zum Begriffe desselben gehörige Erfolg zur Thätigkeit eines Menschen im Verhältnisse der Wirkung zur Ursache steht. **Das Verhältnis von Wirkung und Ursache ist, an sich betrachtet, kein Verhältnis der Notwendigkeit. Weder in dem Sinne, dafs nur das als Wirkung gilt, was unvermeidlich aus dem gegebenen Anstofse entstehen mufste, noch in dem Sinne, dafs man nur das als Ursache gelten läfst, was allein im Stande gewesen wäre, jenen Erfolg zu erzeugen**[2]."

Allein der erste Teil dieser Ansicht ist, wie wir bereits in unserem zweiten Kapitel hervorgehoben haben, total unrichtig. Eine Wirkung, die ihrer Ursache nicht mit Notwendigkeit folgen würde, existiert überhaupt nicht, und wir ahnen nichts Gutes, wenn seine Erörterung über Unterlassungen gleich mit dem Beispiele beginnt: „Scheint es nicht, wenn wir eine Kerze oder einen Holz-

---

[1] Glaser, Strafbare Unterlassungen. S. 393.
[2] Glaser ebd. S. 297.

stofs von den Flammen verzehren sehen, als walten hier nur die Naturkräfte, und ist es nicht in der That der jetzt unthätig daneben stehende Mensch, der da wirksam ist?" Das einzig Richtige an dieser Erwägung kann doch wohl nur der Gedanke sein, dafs, wenn ein Mensch dazwischen treten wollte, er den causalen Zusammenhang unterbrechen könnte, weil er die Kerze auslöschen, den flammenden Holzstofs ersticken kann. Aber ist denn das Urteil: „Die Flamme blieb brennen, weil ich sie nicht gelöscht habe", und das Urteil: „ich habe das Fortbrennen der Flamme bewirkt", identisch? „Gewifs mag es vom strafrechtlichen Gesichtspunkte für den Begriff der Verursachung genügen, wenn ein Mensch der bereits in Bewegung gesetzten Kraft die Richtung gegen ein bestimmtes Objekt gäbe, ihre Wirksamkeit steigerte, sicherte, ja auch nur beschleunigte; aber von einem aus einer Causalität erwachsenen Erfolge, von einer Wirkung, deren Ursache in seinem Benehmen zu suchen ist, kann nicht die Rede sein, wenn erster Anstofs und Verlauf jener Kette von Ursachen, an deren Ende der strafbare Erfolg steht, ganz aufserhalb seines wirklichen Thuns liegen, und der Erfolg nur insofern durch sein Thun und Lassen bedingt ist, als er den Eintritt hätte hindern können, dafs also jener Erfolg gewifs oder wahrscheinlich ausgeblieben wäre, wenn der Mensch sich hindernd dazwischen gestellt hätte."[1]

Wenn man das Wesen der Causalität mit solcher Klarheit beurteilt, wie Glaser, dann ist es doppelt befremdend, dafs er an seiner eigenen Lehre und an dem von ihm selbst gewonnenen Resultate nicht festzuhalten wufste. Denn obwohl man nach seinen obigen Worten vermuten sollte, dafs er seinen eigenen Grundsätzen gemäfs den Causalzusammenhang zwischen Unterlassung und Erfolg konsequent leugnen müfste, weil die Thätigkeit des Unterlassenden sich ausschliefslich in dem negativen Merkmale erschöpft, einen Erfolg, den er hindern konnte, nicht gehindert zu haben, und weil in der Unterlassung höchstens eine Bedingung, jedoch nicht die Ursache des Erfolges erblickt werden darf, formulirt Glaser nun auf einmal folgende Regel[2]: „Eine schuldhafte [dolose oder kulpose] Unterlassung bewirkt, dafs Derjenige,

---

[1] Glaser, Unterlassungen. S. 298.
[2] Ebenda S. 303.

welchem sie zur Last fällt, für den durch sein, an sich unsträfliches Handeln herbeigeführten, zum Thatbestande eines Deliktes gehörigen Erfolg verantwortlich gemacht, und als Urheber derselben bestraft wird." Also zwar nicht die Unterlassung, aber eine ihr vorangegangene positive Handlung soll das causale Element enthalten! Dies bedarf nun einer Untersuchung!

Prüfen wir diesen Satz an dem von Glaser selbst gewählten Beispiele. Jemand grabe auf offener Strafse eine Grube in unsträflicher Absicht; nach einiger Zeit gehe Jemand vorüber, der erstere warne boshafter Weise den zweiten nicht, und dieser falle in die Grube. Wenn nun die unterlassene Warnung nach Glaser kein causales Moment für den Erfolg darstellt, dann kann das positive Graben der Grube wahrlich noch viel weniger Causalität enthalten. Denn daraus, dafs Jemand eine Grube gräbt, folgt noch lange nicht, dafs ein Anderer, der zufällig vorübergeht, hineinfällt. Da Glaser aus naheliegenden Gründen nicht im Stande war, die kausale Natur der Unterlassung zu erklären, von seinem Lieblingswunsche aber, durchaus einen Zusammenhang zu entdecken, nicht abzubringen war, so wurde er in seinen Betrachtungen nach rückwärts gestofsen, und klammert sich nun an die letzten positiven Handlungen an, die der Unterlassung vorangingen, welche aber mit dem Erfolge in der That in einem noch viel laxeren Konnexe stehen, als die Unterlassung.

Nehmen wir einen zweiten Fall an: „Eine Frau habe die Pflicht, ein kleines Kind, welches in der Badewanne sitzt, zu überwachen, entferne sich aber für einen Moment aus dem Zimmer und, wie sie zurückkehrt, sei das kleine Kind umgefallen und ertrunken." Wenn nun Glaser dem passiven Verhalten der Wärterin den causalen Charakter in Bezug auf den Eintritt des Erfolges mit Recht abspricht, klingt es nicht noch unendlich frappirender, in der positiven, vorangegangenen Handlung die eigentliche Ursache zu erblicken? Ist denn das Kind umgekommen, weil es die Wärterin in die Badewanne gesetzt hatte? So lange sie ihres Amtes waltet, kann dem Kinde ja nichts geschehen. Wir sehen, wie uns die Glasersche Theorie überall im Stiche läfst. Aber Glaser bleibt nicht einmal konsequent; denn während die früheren Erörterungen dazu dienen, den Causalzusammenhang in die vorangegangene Handlung zurückzuverlegen, zeigt es sich doch, dafs er auch der Unterlassung eine relevante Stelle im Causalzusammenhange einräumt. Er bemerkte, dafs bei einer grofsen Anzahl von Fällen die einzige Beziehung, welche zwischen dem eingetretenen Schaden und dem Verhalten eines Menschen herzustellen ist, darin bestehe, dafs Jemand durch Vornahme irgend eines bestimmten Aktes ihm hätte vorbeugen können, und dies unterlassen hat. In diesen Fällen sei es klar, dafs man die Nichtabwendung eines Erfolges der Herbeiführung desselben unmöglich gleichstellen könne. „Wenn nun aber der juristische Instinkt sehr häufig zwischen vielen, die sich in solcher Weise negativ verhalten, einen Unterschied macht, und, was von den meisten nicht gilt, vom Einzelnen unter ihnen behaupte, so frage sich, was uns denn zu diesen Unterschieden berechtige, was denn also die Bedingungen sind, unter denen jemand als der Urheber einer Verletzung angesehen wird, die unabhängig von seiner Thätigkeit entstand, und die er zu verhindern unterlassen hat?"[1].

Da hält nun Glaser den Umstand, dafs die Unterlassung einzelner eine pflichtwidrige gewesen sei, während die Unterlassung anderer sich als indifferent dargestellt, für kein geeignetes Merkmal, um die Frage zu lösen. Er glaubt vielmehr, **dafs andere der Unterlassung vorhergegangene Umstände ein bestimmtes Individuum in eine engere Verbindung gebracht haben**, als dies bei anderen, welche sich der gleichen Unterlassung schuldig machten, der Fall ist.

Er sagt: „Fafst man nämlich den Causalnexus auf, wie er im heutigen Strafrecht fast überall und übereinstimmend angenommen wird, so nämlich, dafs der Erfolg nicht als die einzige, für sich allein ausreichende Ursache jenes Erfolges erscheinen mufs, sondern, dafs es genügt, wenn nur nachweisbar ist, es habe jener Erfolg nicht anders als durch Mitwirkung dieses bestimmten Menschen eintreten können, die Thätigkeit dieses bestimmten Menschen habe einen Platz in der Verkettung von Ursache und Wirkungen, an deren Ende jener Erfolg steht, so wird man wohl unbedenklich zugeben, dafs man, um Urheber eines bestimmten Erfolges zu sein, nicht gerade unmittelbar die Ursachen, aus welchen er entspringt, in Bewegung gesetzt haben mufs, und dafs Urheber jeder nicht durch einen anderen herbeigeführten Verletzung **derjenige ist, welcher auch nur eine der Bedingungen seines Eintretens erfüllt**"[2].

---

[1] Glaser, Unterlassungen. S. 311.
[2] Ebenda S. 311.

Wer also einen anderen bestimmte, sich in eine Gefahr zu begeben, in welcher er umkam, steht offenbar zum Tode dieses letzteren schon in einer gewissen faktischen Beziehung, welche unter Umständen wenigstens zur Herstellung des Causalnexus ausreicht. „Wenn A, ein ungeübter ängstlicher Schwimmer sich nur in den Fluſs wagt, weil B, dessen Gewandtheit im Schwimmen ihm bekannt, verspricht, ihm zur Seite zu bleiben, und nötigenfalls beizustehen, — wenn B sein Versprechen nicht erfüllt, A der Gefahr überläſst, und dieser ihr nun wirklich erliegt, so läſst sich wohl nicht verkennen, daſs B zu dem Tode des A in einer anderen, viel näheren Beziehung steht, als andere Personen, welche sich gleichzeitig mit ihm in der Nähe des Ertrinkenden befunden haben."

Und so formuliert Glaser die zweite Regel: „**Nicht weil ein bestimmter Mensch die Verpflichtung hatte, einen Unfall abzuwenden, wird dieser als von ihm herbeigeführt angesehen, sondern deshalb, weil er durch Übernahme jener Verpflichtung einen Stand der Dinge herbeiführte, in welchem allerdings die bloſse Unterlassung ausreichte, um das Eintreten des Unfalles unvermeidlich zu machen.**

Auch hier bleibt also der Grundsatz gewahrt, daſs eine bestimmte, der Unterlassung vorausgegangene, den Unfall fördernde Thätigkeit uns in die Lage bringen kann, als Urheber einer Verletzung angesehen zu werden, die wir abzuwenden unterlassen haben[1]."

Prüfen wir nun aufs neue den Gedankengang Glaser's.

Zugegeben für einen Augenblick, daſs alle Fälle, in welchen jemand für einen angeblich durch Unterlassung bewirkten Erfolg verantwortlich gemacht wird, das charakteristische Merkmal an sich trügen, daſs der Unterlassende vorher positive Handlungen begangen, die zwar nicht als Ursache, jedoch als Bedingung des Erfolges betrachtet werden können, (wir werden übrigens im Verlaufe unserer Untersuchung sehen, daſs der Charakter der Bedingung nicht der vorangegangenen Handlung, sondern vielmehr der Unterlassung selbst zukomme), — was berechtigt Glaser, aus dem Vorhandensein einer Bedingung die **Unvermeidlichkeit** des Erfolges abzuleiten? Kann man den Irrtum zwischen Bedingung und Ursache weiter treiben?

---

[1] Glaser, Strafbare Unterlassungen. S. 313 u. 318.

Was für ein ohnmächtiger Faktor ist eine Bedingung im Leben? Wie? Weil der wortbrüchige Freund das Versprechen gegeben hat, dem schlechten Schwimmer im Falle der Not zu helfen, und dieses Wort nicht einlöst, deshalb muſs der andere unvermeidlich ertrinken? Ich dächte doch, das Element, und nicht das gebrochene Versprechen ziehe ihn in die Tiefe. Könnte es denn nicht geschehen, daſs ein Schiff, welches vorüberfährt, den Ermattenden noch aufnehmen könnte? Und für den Fall, daſs die vorübersegelnden Schiffer nicht eingreifen und den Unglücklichen seinem Schicksale überlassen wollen, sind wir nunmehr, falls wir die Unterlassungen des Freundes und der Schiffer einer Kritik unterziehen, im Stande, zwischen der Unthätigkeit des wortbrüchigen Freundes und zwischen der Passivität der vorübersegelnden Schiffer in Bezug auf den Eintritt des Erfolges irgend welchen Unterschied zu machen? Liefern sie in der That verschiedene Beiträge zum Erfolge oder müssen wir uns nicht vielmehr zu der Ansicht bekennen, daſs sie in gleicher Weise dem Erfolge fern stehen, daſs sie den Erfolg in gleicher Weise nicht verursacht haben, sondern daſs sie nur die stillen Beobachter eines Naturereignisses sind, welches sich eben vor ihren Blicken vollzieht, und welches sie nicht durchkreuzen wollen!

Wenn die positive Handlung, die der Unterlassung voranging, bloſs eine Bedingung für den Eintritt des Erfolges darstellt, und der Erfolg nach Glaser's Ansicht nichtsdestoweniger mit **Unvermeidlichkeit** eintreten soll, wenn einzelne unter den vielen Unthätigen in einer viel engeren Beziehung zum Erfolge stehen, als die anderen, dann müſste sich die Wahrheit jener Behauptung an jedem Beispiele erproben lassen. Nehmen wir an, eine gröſsere Zahl von Bergarbeitern sei mit dem Sprengen eines Felsens beschäftigt; in deren Nähe führe ein Feldweg, der von Spaziergängern häufig aufgesucht wird. Eben will ein Mann über den engen Pfad gehen, als der Werkleiter ihn gewahr wird, und da er in ihm einen erbitterten Feind erblickt, aus Bosheit die Warnung unterläſst. Auch von den anderen Männern wird kein Ruf vernommen, da sie nur auf Befehl des Vorgesetzten thätig werden dürfen. Da fällt von dem unterminirten Felsen ein Block mit ungeheurer Gewalt in die Tiefe, und erschlägt den Wanderer.

Wie steht es nun mit den Glaserschen Postulaten? folgt aus der unterlassenen Warnung des Werkleiters wirklich, daſs ein vorübergehender Mensch zu Grunde gehen muſs? Keinesfalls! Der Wanderer kann noch aus freien Stücken umkehren, er kann von anderen gewarnt werden, der Felsblock kann in anderer Richtung niederstürzen! — Die Unvermeidlichkeit ist eine petitio principii. Aber noch mehr! Werden wir nicht den Werkleiter anklagen, und die übrigen, da sie nur auf seinen Befehl handeln dürfen, daher strafrechtlich irrelevant sind, straflos lassen? Gewifs! Geschieht dies aber etwa aus dem Grunde, weil der Werkleiter zu seinem Opfer in einem engeren Konnexe steht, als die Übrigen? O nein! Es besteht ja zwischen ihm und seinem Opfer gar keine Relation, und so läfst uns auch hier die Glaser'sche Theorie im Stiche.

Glasers grofser Fehler bestand darin, dafs er im Zweifel, ob er in vorangegangener Handlung oder in nachfolgender Unterlassung die Ursache des Erfolges erblicken sollte, die dritte Möglichkeit vergafs, dafs vielleicht überhaupt kein Kausalzusammenhang bestehe, und dafs das Recht aus ganz anderen, ethischen Gründen sich an den passiven Thäter halte, dessen Unterlassung jedoch die Weltgeschichte auch nicht um das kleinste Geschehnis bereicherte.

Wir werden sehen, wie die von Glaser perhorrescirte obligatio ad faciendum noch zu vollen Ehren gelangen wird. Denn, wenn auch ein bestimmtes Gebot zu handeln, nicht imstande ist, einen Menschen zum Urheber eines Verbrechens zu machen, so vermag es uns doch darüber aufzuklären, warum jemand, der einen Erfolg zwar nicht herbeigeführt, aber jedenfalls nicht verhindert hat, zur Rechenschaft gezogen werde. Wir werden sehen, wie die Unterlassung eines Menschen in allen konkreten Fällen blofs die Bedingung darstellt, unter welcher die von einer anderen Ursache ausgehende Kraft ihre volle Wirksamkeit entfalten konnte, und dafs die ganze Theorie des Bewirkens durch Unterlassen auf jener alten Verwechslung von Bedingung und Ursache beruhe.

Kürzer können wir uns über Merkel fassen. Merkel[1] formulirt seine Lehre mit den Worten: „Die rechtliche Bedeutung der Unterlassung leitet sich ebenso ausschliefslich von dem **vorausgehenden aktiven Verhalten** ab, wie bei den Omissivdelikten von der gesetzlichen Auflage zur Vornahme der entsprechenden Handlung. Es können daher nur Unterlassungen solcher Handlungen bei der Begehung von Kommissivdelikten als relevant erscheinen, **von welchen der Unterlassende die Integrität der Interessen des anderen in irgend einer Weise**

---

[1] „Kriminalistische Abhandlungen." S. 76 ff.

abhängig gemacht hat, d. h. mit anderen Worten, in zurechenbarer Weise auf die Vornahme der entsprechenden Handlungen gestellt hat. Es muſs also nicht im Momente der positiven Wirksamkeit bereits die böse Absicht vorhanden gewesen sein, den Anderen durch Unterlassung der geforderten Thätigkeit zu schädigen, sondern die Verantwortlichkeit für die Folgen unseres Handelns begründet sich im allgemeinen in der Voraussehbarkeit ihres sicheren und möglichen Eintritts, und mehr ist nicht erforderlich.

Eine Unterlassung kann übrigens Niemanden zum Verbrecher stempeln, wenn sie nicht rechtswidrig ist, oder was dasselbe ist, einer Rechtspflicht zum Handeln widerstreitet."

Merkels Lehre bietet der Widerlegung geringeren Widerstand, als die Glasersche Theorie, weil ihre Unrichtigkeit deutlicher in die Augen springt. Gesetzt, daſs das Bewuſstsein, daſs aus unserer Handlung möglicherweise schädliche Folgen sich entwickeln können, auch in Fällen, in welchen die culpa sich noch gar nicht objektivirt hat, die Verantwortlichkeit begründen könnte, also in Fällen, in welchen zunächst ganz pflichtgemäſs gehandelt, später pflichtwidrig unterlassen wird, so würden wir doch sofort auf neue Schwierigkeiten stoſsen. Wenn ein Bahnwächter, hält Binding Merkel vor, mit den besten Intentionen seinen Dienst antritt, und nach zwei Jahren in der Absicht, daſs ein Zug entgleise, einen Felsblock auf den Schienen liegen läſst, wie will Merkel denselben als dolosen Verbrecher nachweisen? Er nimmt an, die Verantwortlichkeit des Wärters für die eingetretene Verletzung gründe in der vorgehenden Handlung. Diese sei die Ursache der Verletzung; ihr Charakter müſste deſshalb notwendig über den Charakter der Verletzung als einen dolosen oder kulposen entscheiden. Wie ist es aber denkbar, daſs die der Handlung folgende Unterlassung, bezüglich deren dolus eintritt, jene Handlung, die nach unserer Ansicht rechtmäſsig, nach Merkel bereits culpos ist, zur dolosen präge, und die Unbestimmtheit der durch sie begründeten Verantwortlichkeit plötzlich in die klare Gestalt der dolosen Thätigkeit umgieſse? Wie kann der dolus bei der Unterlassung rückwirkende Kraft haben? Wie kann man die Übernahme der Feuerwacht, des Bahnwärterdienstes, des Amtes, des Gefängniswärters in bester Absicht, in den rechtlichsten Intentionen als ein Attentat auf die öffentliche Sicherheit bezeichnen?

Wir fügen zu Bindings Angriff noch die weitere Bemerkung hinzu: „Handelt derjenige culpos, der nach der Natur des Verhältnisses die Gefahr für die Integrität anderer einsieht, aber die entsprechenden Vorsichtsmaſsregeln zunächst trifft, oder derjenige, der trotz der vorhandenen Gefahr die Vorsichtsmaſsregeln von allem Anfange an unterläſst?" Kurz, Merkel erfindet sich einen Culpabegriff, dem, so lange er nicht objektivirt wird, nichts im Leben entspricht, und begeht dann die weitere Inkonsequenz, den dolus, der im Momente der in causaler Beziehung ohnmächtigen Unterlassung eintritt, auf den fruchtbaren Augenblick der positiven, nach unserer Ansicht rechtmäſsigen, nach seiner Ansicht jedoch kulposen Handlung zurückzubeziehen.

So lange Merkel und Glaser, anstatt das objektive Verhältnis zwischen Unterlassung und Erfolg mit Ernst zu erforschen, sich nur in die Frage vertiefen, wann dolus oder culpa vorhanden sein müssen, so lange sie uns, anstatt unser Problem philosophisch zu lösen, eine Abschlagszahlung geben, indem sie stets von vorangegangenen Handlungen sprechen, die das causale Element in sich enthalten sollen, welches sie aber in keiner Weise nachzuweisen imstande sind, so lange müssen wir ihre Lehren als miſslungen bezeichnen. Denn so richtig es ist, daſs die Integrität des Kranken, des Gefangenen, der Passagiere, von der Vornahme gewisser Handlungen abhängt, die der Krankenwärter, Gefängnis- und Bahnwächter unterlassen, so übereilt ist in philosophischer Beziehung der Schluſs, daſs sie sohin den Untergang aller dieser Personen bewirkt haben. Denn alle diese haben gar nichts weiter gethan, als daſs sie einen Causalzusammenhang, den sie in der Natur bereits vorfanden, obwohl sie ihn mit Leichtigkeit hindern und dirimiren konnten, ruhig bestehen und walten lieſsen.

Als groſses Verdienst muſs jedoch bei Merkel hervorgehoben werden, daſs er trotz Glasers Darstellung daran festhält, daſs Unterlassungen nur dann jemanden zum Verbrecher stempeln, wenn sie einer Verpflichtung zum Handeln widerstreiten, daſs jedoch mit der Vorfrage nach der Verpflichtung zum Handeln die Frage des Causalzusammenhanges noch nicht beantwortet sei.

Wir skizziren nunmehr die Lehren der beiden Philosophen Berger und Sigwart, bevor wir mit Bindings glänzender, jedoch nicht bis zu den letzten Konsequenzen durchdachten Lehre unsere Kritik abbrechen, um hieran endlich unsere eigene positive Darstellung des Problems zu knüpfen.

Berger hält den psychischen Willensentschluſs, der in der Seele eines Menschen auftritt, in einem gegebenen Momente eine Handlung zu unterlassen, für die Ursache des durch die Unterlassung vermittelten Erfolges. Allein wir befinden uns hier in einem unfreiwilligen Zirkel. Sowie Willensentschlüsse die Ursachen unserer Handlungen im Leben bilden, so sind Willensentschlüsse jedenfalls auch die psychischen Ursachen für unsere Unterlassungen, und daran zweifelt auch gar niemand. Würde daher eine Unterlassung imstande sein, einen konkreten Erfolg in der Natur nach sich zu ziehen, dann könnte man jedenfalls mit Berger noch einen Schritt weiter nach rückwärts gehen, und in dem psychischen Entschlusse, unterlassen zu wollen, die eigentliche Ursache des konkreten Erfolges erblicken. Aber wenn die Unterlassung sich im Bereiche des Wirklichen selbst als ohnmächtig erwies, wie vermag der provozirende Willensentschluſs sie zu einer thätigen und fruchtbaren zu machen?

Bei keinem Schriftsteller ist die unfreiwillige Verwechslung zwischen Ursache und Bedingung so deutlich als bei Berger. Dies erhellt aus dem Beispiele, das er uns giebt: „Ein Jäger lauere auf einen der Lockspeise sich nähernden Löwen. Sein Diener sei bei ihm. Das Raubtier würde entfliehen, wenn er irgend ein hörbares Lebenszeichen von sich gäbe. Im entscheidenden Augenblicke empfinde der Diener einen heftigen Hustenreiz. Das in ihm auftauchende Urteil, daſs der Husten den Löwen verscheuchen werde, verbunden mit dem Wunsche, daſs er in Schuſsweite kommen möge, beseitigen die Erregung des Centrums, welche den Husten auslösen würde, nicht unmittelbar. Aber diese beiden psychischen Erscheinungen bewirken jenen eigentümlichen, jedermann aus Erfahrung bekannten Akt, durch welchen das Husten unterdrückt wird. Wenn nun der Jäger den Löwen erlegt, so ist dieser Akt ohne Zweifel zu den Bedingungen oder Ursachen seines Todes zu zählen. Denn hätte er nicht stattgefunden, so hätte der Diener gehustet, und der Löwe wäre entflohen. Wenn wir sagen: „Der Löwe wurde erlegt, weil der Diener es unterlieſs zu husten, so meinen wir eben, daſs dieses Unterdrücken eine Ursache des glücklichen Erfolges war[1]."

Allein so richtig es ist, daſs die psychische Thätigkeit des Dieners eine Bedingung für den Erfolg darstellt, so falsch ist es,

---

[1] Berger, Bewirken durch Unterlassen, in Grünhuts Zeitschrift, Bd. 9.

sie für die Ursache zu halten, und durch das Wörtchen „oder" den philosophischen Unterschied zwischen Ursache und Bedingung gänzlich zu verwischen.

Gewifs! Wenn die Unterdrückung des Hustenreizes den Erfolg erzeugte, dann verdient auch der psychische Entschlufs, dem Reize auf keinen Fall nachgeben zu wollen, Ursache genannt zu werden. Aber wurde denn der Löwe erlegt, weil der Diener nicht gehustet hatte? Nein! Er wurde getödtet, weil ihn der Jäger erschossen hatte. Das richtige Urteil „der Löwe entfloh, weil der Diener gehustet hatte" hat nichts mit dem unrichtigen Urteil gemein: „der Löwe wurde erlegt, weil der Diener nicht gehustet hatte." Denn die ganze psychische Thätigkeit und physische Unthätigkeit des Dieners stellen nichts anderes, als eine Bedingung dar, unter welcher die von einer wirkenden Ursache (der Thätigkeit des Schützen) ausgehende Kraft ihre volle Wirksamkeit entfalten konnte. Gerade ein so feinfühliger Denker, der sich in der Philosophie so heimisch fühlt, wie Berger, hätte den Unterschied zwischen Ursache und Bedingung wohl festhalten müssen.

Auch Sigwart[1] lehrt: „Ruhe wie Bewegung sind in gleicher Weise Wirkungen menschlichen Willens, das nicht weniger intensiv causal sein kann, wo es Bewegung hemmt, als wo es Bewegung hervorbringt. Die äufsere Ruhe des Körpers bei heftigem Schmerze ist so oft die Wirkung eines Wollens, das die Reflexbewegung hemmt, als die Ruhe gegenüber einer Beleidigung, die das Verlangen nach Retorsion weckt, Folge der Selbstbeherrschung durch den Willen ist. Aber nach aufsen hin ist doch jeder Causalzusammenhang abgeschnitten? Nach aufsen hin wirkt doch der nicht, der sich nicht bewegt oder ganz anders wohin bewegt, als nach dem Vorgange, um dessen Ursache es sich handelt? Allerdings für eine rein mechanische Betrachtung. Aber sobald wir uns vergegenwärtigen, dafs das von Zwecken geleitete Wirken des Menschen immer darin besteht, dafs er seine Bewegungen nach den voraus berechneten Erfolgen richtet, die sie zusammen mit den wirkenden Kräften der äufseren Dinge haben werden, so ist es kein Widerspruch mehr, dafs sein Handeln, d. h. diejenige auf seine Glieder gerichtete Willensthätigkeit, die einen durch seinen Zweck geförderten Zustand realisirt, auch einmal darin bestehen könne, sich ruhig zu verhalten und dadurch absichtlich

---

[1] Sigwart, Kleine Abhandlungen. S. 191.

denjenigen Gesamtkomplex von Bedingungen herzustellen, aus dem der gewollte Erfolg resultiren mufs. Gerade weil ich für die Erreichung meiner Zwecke darauf angewiesen bin, die zum Teile schon in lebendiger Wirksamkeit befindlichen Kräfte der Natur zu benutzen, und sie nur beherrsche, weil ich sie berechne, handle ich ebenso durch bewufste und gewollte Unterlassung wie durch Bewegung. Der Mensch bildet also überall da, wo er die Macht hat, einzugreifen und wo, je nach seinem Verhalten, der Erfolg so oder anders wird, einen Teil der Gesamtursache des Erfolges, **und wir haben das Recht zu sagen, dafs sein durch den Willen bestimmtes Verhalten causal nach aufsen sei, ob er nun direkt eingreift, oder durch seine Ruhe den Gesammtkomplex der Faktoren, von denen das Geschehen abhängt, so herstellt, dafs die übrigen Agentien ungestört wirken."

Allein hiergegen ist alles zu bemerken, was wir gegen die Auffassung, dafs die Ursache gleich sei der Summe sämmtlicher Bedingungen, bereits gegen Mill, Lammasch, Buri und Sigwart an einer früheren Stelle vorgebracht haben. Es ist ferner wohl ins Auge zu fassen, dafs wenn irgend jemand blofs zu Wege bringt, dafs die übrigen Agentien ungestört wirken können, es wohl auf der Hand liege, dafs man nicht von einer causalen, sondern höchstens von einer bedingenden Thätigkeit auf seiner Seite sprechen könne, da ja Sigwart selbst einräumt, dafs es eigentlich die übrigen Agentien sind, die bereits in lebendiger Wirksamkeit befindlichen Naturkräfte, welche die Wirkung erzeugen und deren Kraft nur nicht gehemmt wird.

Auch ist es höchst auffällig, dafs Sigwart vom Bewirken nur bei bewufster und beabsichtigter Unterlassung spricht. Wenn menschliche Unterlassung wirklich geeignet wäre, einen konkreten Erfolg nach sich zu ziehen, dann müfste auch bei gänzlich unbewufstem und unbeabsichtigtem Unterlassen dasselbe Resultat eintreten können. Sigwart hätte sich vor Augen halten müssen, dafs sich unsere Frage allerdings nur vom mechanischen Gesichtspunkte aus untersuchen läfst, und von einem so scharfen Denker, wie ihm, verlangen wir, dafs er sich den Unterschied zwischen Ursache und Bedingung klar vor Augen halte, da er im Gegensatze zu allen Juristen nicht einmal die Entschuldigung besitzt, sich diesen tiefen und einschneidenden Unterschied in der Natur nicht deutlich zum Bewufstsein gebracht zu haben.

Wir schliefsen unsere polemischen Betrachtungen mit einer Kritik der vortrefflichen Lehre Bindings, und indem wir die letzten, von ihm selbst nicht gezogenen, aber aus seiner Lehre folgenden Schlüsse an seiner Stelle ziehen wollen, werden wir uns aus einem Geist, der bisher stets verneint hat, in einen Kanzelredner verwandeln, der nunmehr pro domo sprechen wird.

Bindings Theorie ist von unendlicher Klarheit, und die Resultate, zu welchen er gelangt, würden uns wahrscheinlich noch viel mehr befriedigen, wenn er den Begriff der Bedingung schärfer gefafst hätte. Durch Glasers und Merkels Lehre war er einmal genügend gewarnt, den einzelnen Bestandteilen der Unterlassung, nämlich der vorangegangenen Handlung und der eigentlichen nachfolgenden Unterlassung zu viel oder zu wenig zuzumuthen, und den verbrecherischen Vorsatz gleichsam in der Luft schweben zu lassen, ungewifs, ob derselbe auf die Erde herniederschwebend sich dann mit der Handlung oder der Unterlassung vereinigen würde; gewarnt durch die Widersprüche, in welche sich seine Vorgänger verrannt hatten, schlägt er daher den sichersten Weg ein, welchen man nach so viel Mifsgeschick noch betreten konnte, und wirft drei Fragen auf: 1. Wie ist die der Unterlassung vorangehende Handlung in Wahrheit beschaffen? 2. Wie ist die Unterlassung selbst beschaffen? 3. Wie verhält sich der schuldhafte oder rechtmäfsige Wille des Unterlassenden zur Verursachung des widerrechtlichen oder rechtmäfsigen Erfolges? Und da fand er denn im Gegensatze zu Krug, Glaser und Merkel, dafs die vorangehende Handlung für den schliefslich eingetretenen verbrecherischen Erfolg kein causales Element enthalte, dafs das Wesen jener Handlung umgekehrt gerade darin bestehe, dafs ihr Urheber sich mittelst ihrer als eine zur Abhaltung bestimmter schädlicher Erfolge wirkende Bedingung darstellt. Daraus enthülle sich aber auch das Wesen der Unterlassung: „Ist die Fassung des Entschlusses, mit eigener Kraft die Gefahr zu bekämpfen, eine ihren Eintritt hindernde Bedingung, so bedeutet das Fallenlassen dieses Entschlusses im entscheidenden Zeitpunkte das Vernichten einer den Erfolg abhaltenden Bedingung. Damit ist aber die Handlung nachgewiesen, welche durch die Unterlassung maskirt wird. Wenn der Bahnwärter beschliefst, den bemerkten Balken auf den Schienen liegen zu lassen, so reifst er in diesem Augenblicke eine Schranke ein, die sein Wille der Gefahr gezogen hatte, und öffnet ihr den Einzug in das Land. Durch Vernichten einer solchen abhaltenden Bedingung ist Verursachen trefflich möglich. Im Momente dieser Verursachungshandlung trete auch noch rechtzeitig die Schuld auf, und so werde erklärt, was erklärt werden müfste, und das normale Verhältnis zwischen Schuld und Unterlassung hergestellt[1]."

Allein Binding fühlt alsbald, dafs er nun zu merkwürdigen Konsequenzen gelangen würde, falls er mit seiner Erklärung Ernst machte. Denn es wäre doch zu frappirend, wenn jemand lediglich und allein durch Vernichten genau derselben abhaltenden Bedingung, die er selbst gesetzt, Urheber einer Veränderung werden könnte. „Beseitigt ein Mensch nur, was er selbst geschaffen, so kann sein ganzes Verhalten weggedacht werden, und der Erfolg wäre genau so eingetreten, wie er eingetreten ist, — der beste Beweis für die causale Indifferenz seines Verhaltens." Wer einen Menschen in das Wasser fallen sieht und nun hinzuspringt, ihn an das Land zu retten, ihn aber dann schwimmen läfst, weil er in ihm seinen Nebenbuhler erkennt, hat ihn nicht getödtet, selbst wenn er der ratlosen Mutter des Ertrunkenen feierlich versprochen hat, ihn zu retten, oder wenn ein gesetzliches Gebot diese Rettung befiehlt.

Nun findet Binding die Lösung dieses Widerspruches darin, dafs in den meisten der vorigen Fälle der Handelnde sich allerdings als eine dem Erfolge entgegenwirkende Bedingung aufstelle, aber noch aufserdem positive Bedingungen zu dem schädlichen Erfolge setze (der gute Schwimmer veranlafst den schlechten, sich in Gefahr zu begeben; jemand veranlafst den Brückenwart, seinen Posten zu verlassen, und erfüllt dann nicht seinen Dienst). „Als Zeitpunkt der Verursachungshandlung in diesen Fällen könne also nicht der Moment betrachtet werden, in welchem jemand positive Bedingungen zu einem Erfolge setzt, deren Wirksamkeit er aber durch den Hemmschuh der entsprechenden Handlung gelähmt hat, sondern die Verursachung fällt zeitlich zusammen mit der Zerstörung jener Bändigung, wodurch die selbst gesetzte positive Bedingung zu neuem Wirken erweckt wird[2]."

„Der Bahnwärter, der den auf die Schienen gefallenen Stein nicht entfernt, der Gefängniswärter, der dem Gefangenen keine Nahrung bringt, sie haben sich selbst als abhaltende Bedingung zwischen die Gefahr und den Gefährdeten geschoben; indem sie

---

[1] Binding, Normen. II. S. 233.
[2] Ebenda S. 246.

sich entschliefsen, der Gefahr nicht mehr zu begegnen, hören sie auf, was sie waren, sie vernichten ihre Thätigkeit als eine den Erfolg abhaltende Bedingung. Dadurch erleichtern sie zunächst den zum Erfolge wirkenden Bedingungen, das Übergewicht zu gewinnen. Es ist wahr: Ihre Unthätigkeit hat keine causale Bedeutung; allein die Unthätigkeit ist blofs Folge ihrer Handlung. Die abhaltende Bedingung funktionirt nicht als solche, weil ihre Funktionsfähigkeit zerstört wurde, und in diesem Zerstören liegt der eine Teil der Handlung, welcher sich hinter der Unterlassung verbirgt[1]."

Gegen Bindings Theorie lassen sich hauptsächlich zwei Einwände erheben. Es ist wahr, dafs in allen oben erörterten Fällen der Mensch seine Thätigkeit als eine Schranke gegen eine Gefahr aufstellt, welche er entweder vorfindet, oder die er sogar selbst verstärkt hat, und dafs er sich selbst als eine den Erfolg abhaltende Bedingung vernichtet, wenn er seine Thätigkeit unterdrückt. In der That liegt darin der Charakter der Unterlassung, der aber dadurch noch nicht, wie Binding glaubt, zu einer für den konkreten Erfolg causalen **Handlung** wird. Binding hat den Unterschied zwischen Bedingung und Ursache noch immer nicht scharf genug gefafst. Hätte er es gethan, dann würde er gefunden haben, dafs derjenige, der eine den Erfolg abhaltende Bedingung unterdrückt, **damit eine positive Bedingung für den Eintritt des Erfolges, aber noch nicht die Ursache gesetzt habe.** Dadurch, dafs ich einer Gefahr, die ich bisher ferne gehalten habe, nicht länger vorbeugen will, ist noch nicht Verursachen, sondern blofs ein Bedingen der Wirkung möglich; der Eintritt des Erfolges hängt noch immer von gänzlich anderen wirkenden Ursachen ab, die allerdings unter der Voraussetzung der Unterlassung ihre Kraft entfalten können.

Wenn in den vorigen Fällen jemand genau diejenige Bedingung beseitigt, die er selbst für den Erfolg gesetzt hat und dann straflos bleibt, so geschieht dies nicht, wie Binding glaubt, wegen der causalen Indifferenz seines Verhaltens, die ja bei allen Unterlassungen und bei jenen Handlungen, die in ihrem Ergebnisse den Unterlassungen gleichkommen, vorhanden ist, sondern einfach aus dem Grunde, weil in diesen Fällen keine Verpflichtung zum Handeln

---

[1] Binding, Normen. II. S. 249.

vorlag, und weil die von der älteren Doktrin an den unrechten Platz gestellte, von Glaser und Binding gänzlich ignorirte, von Merkel aber richtig beleuchtete obligatio ad faciendum den letzten Grund dafür enthält, dafs ich das eine Mal gestraft werde, das zweite Mal straflos bleibe.

Wir können also Bindings Resultate dahin ergänzen und vervollständigen, dafs die Unterlassung allerdings ein Vernichten einer den Erfolg abhaltenden Bedingung darstellt, und dafs in diesem Momente Schuld vorhanden sein müsse, **dafs aber mit all dem nur eine Bedingung für den Eintritt des Erfolges geschaffen ist**, dessen Erzeugung von ganz anderen wirkenden Ursachen ausgeht, die in ihrer Wirksamkeit von dem Unterlassenden nicht gehemmt werden, und dafs ein Mensch in einem solchen Falle, in welchem er den Erfolg blofs bedingt und nicht erzeugt hat, aus dem Grunde straffällig werde, weil er einer gesetzlichen Verpflichtung zum Handeln nicht nachgekommen ist.

Wenn Binding unparteiisch mit uns noch einen praktischen Fall erörtern will, dann wird er uns wohl selbst Recht geben. Nehmen wir an, ein Theaterdirektor habe culposer Weise die Theaterdiener beauftragt, — etwa um das nötige Geld zu ersparen, — die Notlampen im Theater bei einer Abendvorstellung nicht anzuzünden. Plötzlich entstehe ein Feuer auf der Bühne, welches rasch in den Zuschauerraum übergreift und das ganze Theater mit dichten Rauchwolken bedeckt. Eine entsetzliche Panik bemächtigt sich des bei der Abendvorstellung im Parterre befindlichen Publikums, alles hastet zum Ausgange, und da das Gas unendlich schwach brannte und auch die Notlampen nicht funktionirten, wird eine grofse Anzahl der Hinausstürmenden in dem finsteren Raume erdrückt.

Der Staatsanwalt legt dem pflichtvergessenen Theaterdirektor fahrlässige Tödtung mit Recht zur Last. Was hat er nun nach unserer Auffassung gethan? Er hat durch seine Unterlassung eine den Erfolg abhaltende Bedingung unterdrückt **und damit eine positive Bedingung für den Eintritt des Erfolges gesetzt.** Hätte die Notlampe gebrannt, so hätte die eingekeilte Menge nicht im Finstern einen Kampf um Leben und Tod kämpfen müssen. Aber die Ursache ihres Todes ist nicht in der Unterlassung der Diener, sondern in der eigenen Thätigkeit zu erblicken. Sie selbst sind es, die im wilden Kampfe miteinander rangen und sich vernichteten. Wenn der Theaterdirektor nun dem Arme des Gesetzes verfällt, dagegen der Inhaber eines im Walde gelegenen einsamen Gasthauses gänzlich straflos ausgeht, wenn er zwar seine Herberge, aber nicht die durch den dichten Wald hinführende Fahrstrafse beleuchtet hat, wodurch Passagiere zu Schaden kommen und schwer verletzt werden, so liegt der einzige Grund dieser ungleichen Behandlung in der Verpflichtung zum Handeln, die das eine Mal begründet war, das zweite Mal cessirte.

Und damit haben wir unsere eigene Ansicht ausgesprochen. Es ist kein Wunder, wenn die Rechtswissenschaft den sogar von der Philosophie so häufig konfundirten Unterschied zwischen Ursache und Bedingung im Leben verwischte und jemanden für einen Erfolg verantwortlich machte, für dessen Eintritt seine Unterlassung blofs eine Bedingung darstellt, besonders da das entscheidende Moment bei unserer strafrechtlichen Beurteilung kein exakt logisches Raisonnement unseres Verstandes, sondern unsere ethische Empfindung ist, welche diejenigen, die im kritischen, gebotenen Momente die Handlung unterliefsen und den Unfall nicht verhinderten, in ganz gleicher Weise verurteilt, wie diejenigen, die ihn direkt herbeigeführt haben.

Es ist uns, wie bereits an einer früheren Stelle erwähnt, ganz gleich, ob die Mutter das neugeborene Kind erdrosselt oder ob sie sich seiner durch Vorenthaltung einer jeden Nahrung entledigt; es ist dasselbe vom ethischen Standpunkte, ob der Mörder sein Opfer mit dem Stocke erschlägt, oder den Passanten über den Feldweg, auf welchem soeben Gestein gesprengt wird, ungewarnt dahin ziehen läfst. Wir reagiren sittlich in gleicher Weise dagegen, wenn ein Mann, welcher dem längst vermifsten Gatten einer Frau täuschend ähnlich sieht, diese durch listige Vorspiegelungen veranlafst, ihn für den Verschollenen zu halten und mit ihm die Ehe fortzusetzen, oder wenn jener ohne sein Zuthun von ihr für ihren Gatten gehalten wird, und anstatt sie über den Irrtum mit einem Worte aufzuklären, sich stillschweigend die Verwechselung gefallen läfst.

Wenn wir uns also jetzt klar darüber geworden sind, dafs in allen Fällen, welche wir bisher berührten, sich hinter der menschlichen Unterlassung nicht, wie Binding geglaubt hat, eine causale Handlung verbirgt, die gleichsam nur in der Maske der Unthätigkeit auftritt, sondern dafs die menschliche Unterlassung blofs die Bedingung darstellt, unter deren Voraussetzung eine von einer anderen wirkenden Ursache ausgehende Kraft ihre Wirksamkeit entfalten konnte, wenn es uns ferner klar wurde, dafs in diesem Momente der Unterlassung dolus oder culpa vorhanden sein müsse, um die Unterlassung zu einer vorsätzlichen oder fahrlässigen zu gestalten, und daſs die Strafbarkeit überhaupt nur in den Fällen einer obligatio ad faciendum eintrete, so erübrigt nur noch die Beantwortung der einen Frage, wodurch sich denn die sogenannte obligatio ad faciendum erkennbar mache, aus welchen Umständen der Unterlassende es erfahre, daſs nun für ihn der Augenblick gekommen sei, dirimirend zwischen den sich verwirklichenden Zusammenhang zu treten und gleichsam als deus ex machina der Weltgeschichte eine andere Wendung zu geben.

Man kann sagen, daſs diese Frage mit einer zweiten, der Frage nach dem Verschulden in innigem Zusammenhange stehe und daſs man, wie die strafgerichtliche Entscheidung des österreichischen Kassationshofes vom 20. November 1882, Z. 10146, zu dem Resultate gelangen könne: „Das Moment der Strafbarkeit liegt bei culposen Unterlassungen im Mangel des rechtlichen Willens, die zur Erfüllung obliegenden Verpflichtungen nötige Aufmerksamkeit anzuwenden. Von strafbarer Unterlassung kann erst dann die Rede sein, wenn der betreffenden Person bewuſst war oder nach den Umständen erkennbar sein muſste, daſs für sie eine Pflicht zum Handeln vorlag."

In ähnlicher Weise äuſsert sich die Entscheidung des österreichischen Kassationshofes vom 16. Mai 1884, Z. 21013: „Eine Unterlassung kann unter dem Gesichtspunkte des § 335 St. G. nur dann in Betracht kommen, wenn derjenige, dem sie zur Last fällt, in irgend einer Weise, eventuell durch Nichtbeobachtung einer ihm obliegender Verpflichtung die Herbeiführung seiner Lage verschuldete, in welcher es seines aktiven Eingreifens bedurfte, wenn der Erfolg nicht eintreten sollte."

Es läſst sich daher keine allgemeine Regel für die Fälle, in welchen eine Verpflichtung zum Handeln vorliegt, aufstellen. Es muſs vielmehr, wie § 335 österreichischen St. G. sagt, bei einer Unterlassung jeder Mensch aus den natürlichen, für jedermann leicht erkennbaren Folgen, oder vermöge besonders bekannt gemachter Vorschriften nach seinem Stande, Amte, seiner Beschäftigung oder überhaupt nach seinen besonderen Verhältnissen einzusehen vermögen, daſs eine Unterlassung eine Gefahr für das Leben, die Gesundheit oder körperliche Sicherheit von Menschen herbeizuführen oder zu vergröſsern geeignet sei. Daſs freilich unser Strafgesetz mit den Worten fortfährt: „Wenn hieraus eine schwere körperliche Beschädigung eines Menschen, oder wenn hieraus der Tod eines Menschen erfolgt, soll dies an jedem Schuldtragenden als Übertretung mit Arrest von 1—6 Monaten, beziehungsweise als Vergehen mit strengem Arrest von 6 Monaten bis 1 Jahr geahndet werden", zeigt deutlich, daſs die Verfasser des österreichischen Strafgesetzbuches den Unterschied zwischen causaler und bedingender Unterlassung sich nicht zum Bewuſstsein gebracht haben. Dieselbe Unklarheit kehrt bei einer Unzahl von Stellen des österreichischen Entwurfes und des deutschen Reichstrafgesetzbuches wieder.

Es ist jedoch nicht unsere Aufgabe, hierauf näher einzugehen. Unsere Arbeit erschöpfte sich vielmehr darin, an der Hand der vorhandenen zahlreichen theoretischen Untersuchungen den Nachweis zu führen, daſs alle Versuche, welche einen causalen Zusammenhang zwischen Unterlassung und eingetretenem Erfolge feststellen wollten, wegen ihrer unlogischen Voraussetzungen scheitern muſsten, und daſs im Momente der Unterlassung bloſs eine bedingende, aber keine für den konkreten Erfolg causale Thätigkeit erblickt werden darf. Der Grund der Strafe liegt also nicht in der Urheberschaft eines Menschen, sondern in unserer sittlichen Miſsbilligung, daſs jemand, der nach den Verhältnissen handeln muſste, indolent oder gar dolos lieber die Hände in den Schoſs legte und zusah, wie die in der Natur vorhandenen Kräfte wirkten.

Und so gelangen wir aufs neue zu dem Resultate, daſs das Strafrecht in seinen Normen sich zwar von der Macht ethischer Gebote, aber nicht von dem Zwange logischer Gesetze bestimmen läſst, daſs daher das Recht den Gedanken einer sittlichen Verantwortlichkeit ausbildete, den philosophischen Causalitätsbegriff aber gänzlich fallen gelassen hat!

Printed by Libri Plureos GmbH
in Hamburg, Germany